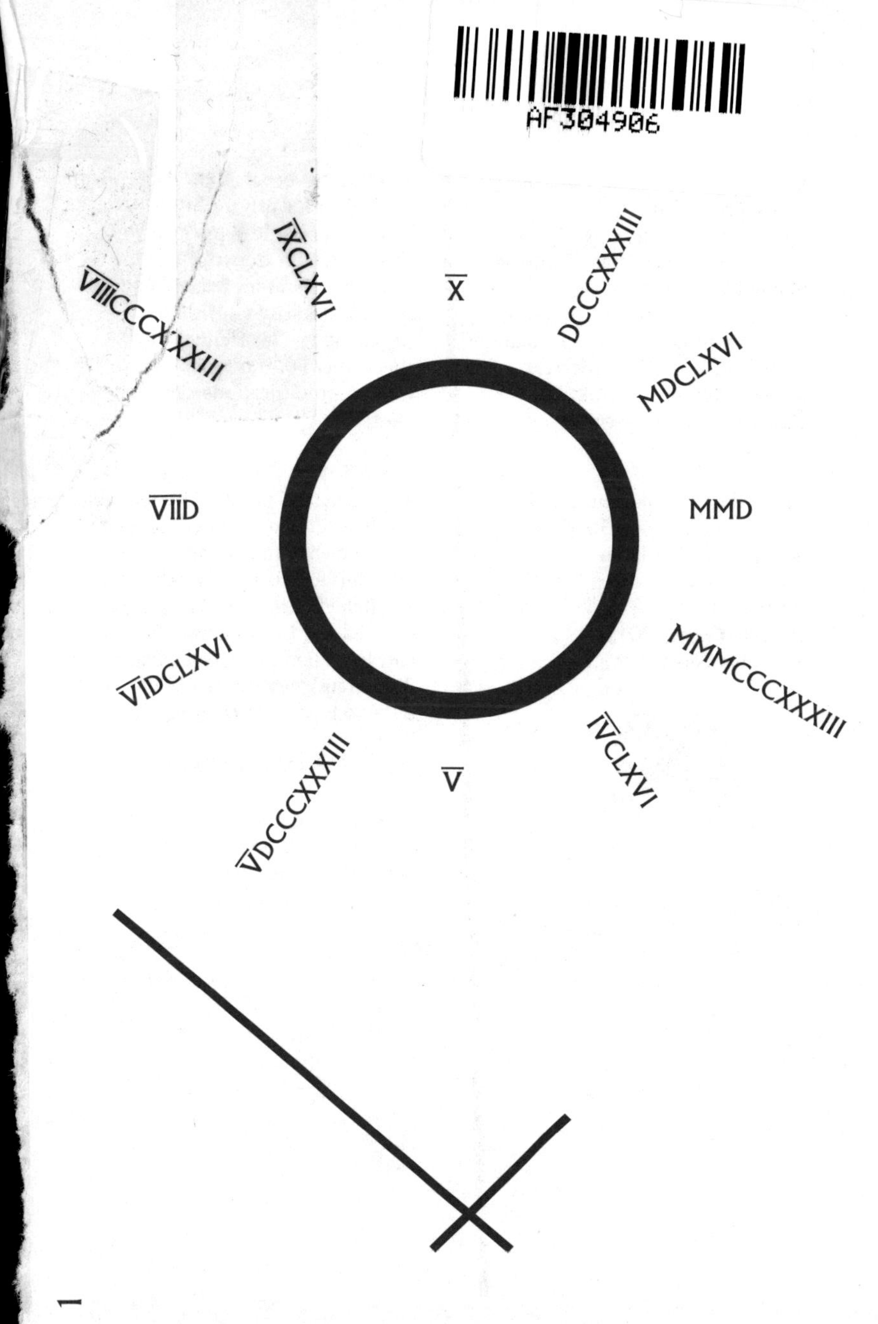

AF304906
IXCLXVI
X
DCCCXXXIII
MDCLXVI
MMD
VIIICCCXXXIII
VIID
MMMCCCXXXIII
VIDCLXVI
VDCCCXXXIII
V
IVCLXVI
1

Herausgegeben von: Tessa Giblin und steirischer herbst
Mit-Herausgeberin: Kate Heffernan
Lektorat Deutsch: Birgit Pelzmann, Marjeta Wakounig
Texte: Peter Galison (*The Half-Life of Story*), Sam Keogh (*Four Fold*) und Geoffrey Farmer (Künstlertext). Alle weiteren Texte: Tessa Giblin.
Übersetzung: Eva Dewes
Design: åbäke

Druck: Rema-Print-Littera, Wien, in einer Auflage von 3000 Stück, inklusive zwei Beilagen

Vertrieb
Dent-de-Leone, 2015
www.dentdeleone.co.nz

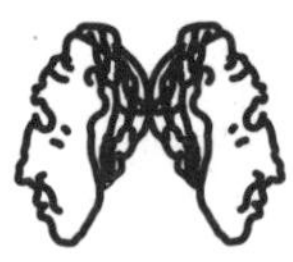

© 2015, die Künstler und Künstlerinnen, Autoren und Autorin und steirischer herbst

Alle Rechte vorbehalten. Abgesehen von Kulanz für private Studienzwecke, Recherche oder Rezensionen wie festgehalten im Copyright Act darf kein Teil dieses Buches ohne die ausdrückliche schriftliche Genehmigung des Herausgebers in irgendeiner Form oder in irgendeiner Weise reproduziert oder übertragen werden.

Es wurde jede Anstrengung unternommen, um das Urheberrecht für die in diesem Buch verwendeten Aufnahmen herauszufinden und die Erlaubnis für die Reproduktion zu erhalten. Trotzdem ist es möglich, dass sich ein Irrtum eingeschlichen hat. In diesem Fall entschuldigen sich die Herausgeber für den Fehler und bitten um Benachrichtigung.

ISBN: 978-1-907908-27-9

Alle Fotos von den Künstlerinnen und Künstlern sofern nicht anders vermerkt auf Seite 8.

Hall of Half-Life

STEIRISCHER HERBST, GRAZ

HERAUSGEGEBEN VON TESSA GIBLIN & STEIRISCHER HERBST

● **VORDERNBERG**

● **LEOBEN**

Die Erde ist durchsetzt mit Zeichen, die irdische Zeitmesser verwenden, um die Geschichte unseres Planeten zu erzählen, während sie geologische Geschichte zerstückeln. Gleich ob präzise nachgewiesen oder fantastisch ausgemalt, der Wandel ist da. Das Klima hat sich verändert, die Epoche hat sich verändert, und unser Verhältnis zur Zeit hat sich verändert. Die Ausstellung Hall of Half-Life nimmt einen Platz innerhalb eines dramatischen Bogens in der Erdgeschichte ein. Ihre Protagonisten sind Geschichten und Objekte, die über die Lebensdauer des Menschen und der nachfolgenden Generationen hinaus wirken und weit in die Vergangenheit zurückreichen, während sie versuchen, sich die Signale, Sprachen, Monumente oder Relikte vorzustellen, die ihr kommunikatives Potenzial noch weit in die Zukunft hinein behalten könnten.

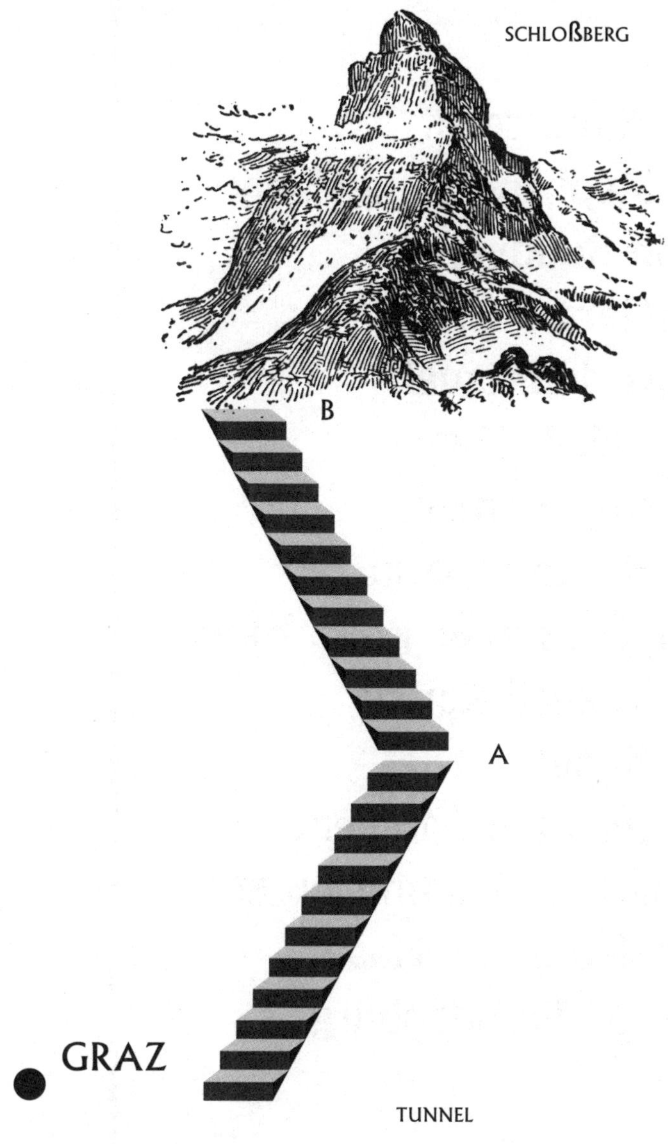

5

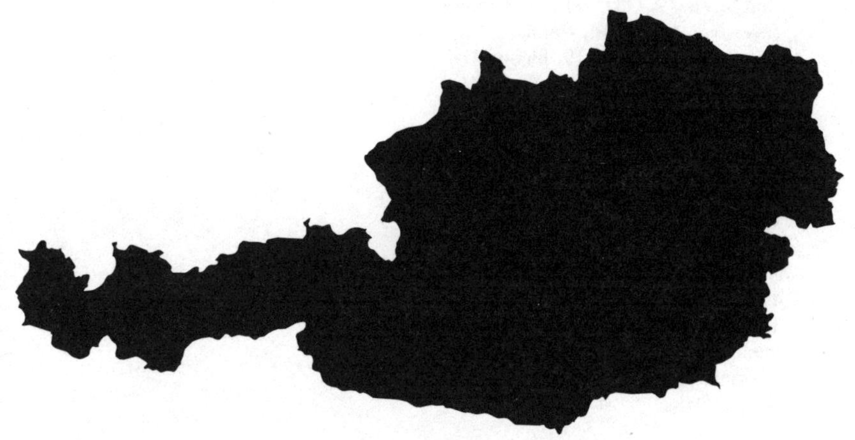

CREDITS

Bild S. 14. Stéphane Béna Hanly, *Length of a Legacy* (Thomas Midgley), 2015, Detail, mit freundlicher Genehmigung von Project Arts Centre, Dublin. Foto: Ros Kavanagh

Bild S. 34. Mikala Dwyer, *The garden of half-life*, 2014, Detail Ausstellungsansicht, University Art Gallery, The University of Sydney. Foto: Alejandra Canales

Bild S. 58-59: Foto: Gudrun Becker

Bild S. 62. Sam Keogh, *Four Fold*, 2015, Detail Ausstellungsansicht, Douglas Hyde Gallery, Dublin. Foto: Denis Mortell

Bild S. 68. Jean-Luc Mouléne, Laura Bush, Paris, 2014. Foto: Thomas Dane Gallery, London

Bild S. 78-79. Ulla von Brandenburg, *Street, Play, Way*, 2014, Detail Ausstellungsansicht, 19. Biennale of Sydney, Cockatoo Island. Foto: Ben Symons

Text S. 113-119. Erstmal publiziert als *Four Fold*, Douglas Hyde Gallery, Dublin, 2015

Text S. 128. Zitat aus Roger Callois, *L'écriture des pierres*, 1970, übersetzt nach der englischen Übersetzung: *The Writing of Stones*, University Press of Virginia 1985, S. 108.

Lara Almarcegui

Mineral Rights, Austria, 2015
Nicht realisiertes Vorhaben
GrazMuseum
Auftragswerk steirischer herbst 2015

Mineral Rights, Norway, 2015
Ein-Kanal-Diaprojektion, ohne
Ton, 9 Min.
GrazMuseum
Produziert von Leuphana Arts Program,
Lüneburg
(Bildausschnitt nächste Seite)

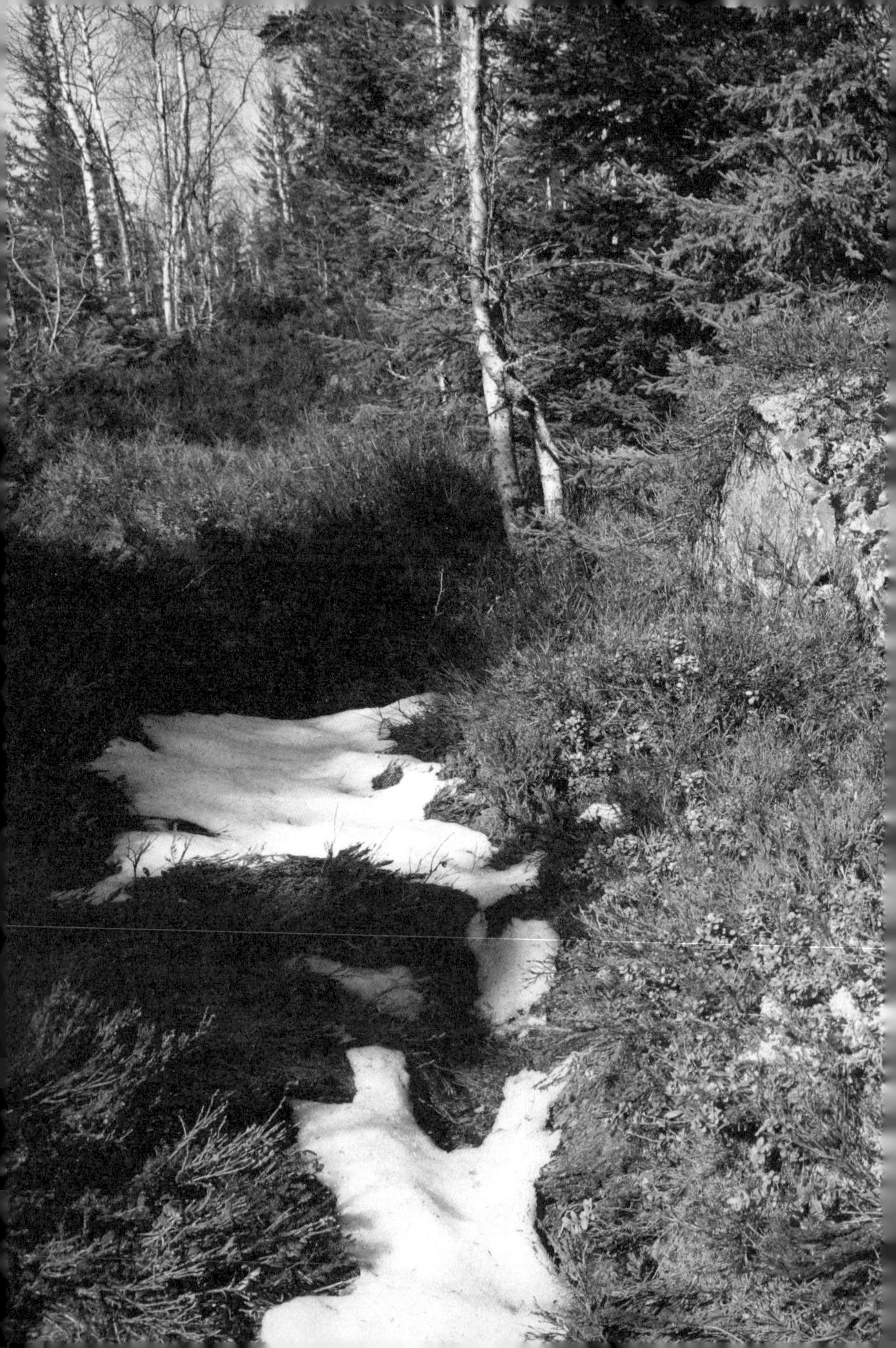

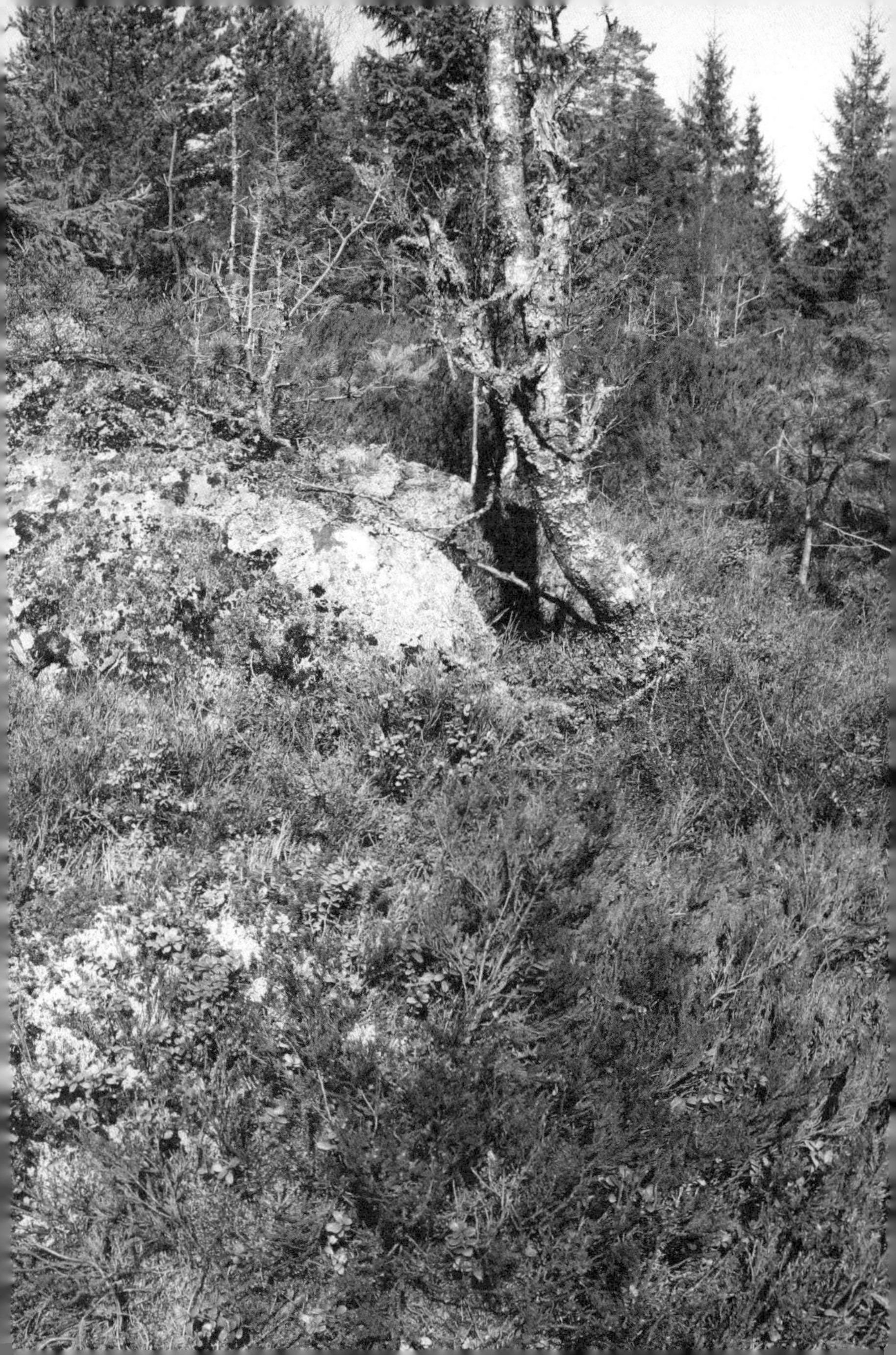

Das Land unter unseren Füßen wird geschätzt. Es wird
gehandelt, umkämpft, geerbt, annektiert, erworben, be-
schützt, erobert, gekauft, verteidigt und verloren.
Für viele Kulturen ist der Erwerb von Land ein normales
Streben, entweder um es als Platz zum Leben oder als Wer-
tanlage zu nutzen, aus der man Profit schlägt. Für andere
wiederum steht die Idee von Grundbesitz im Widerspruch
zu ihrer eigenen Vorstellung davon, den Fokus auf eine
kollaborative Haltung zum Land und der Frage wer sein
Verwalter sein könnte legend. Doch was ist mit dem, was
darunter liegt? Lara Almarcegui fängt die Idee des Landbe-
sitzes mit dem Lasso ein und schleudert unsere Aufmerksamkeit nach unten, tief in die Erde hinein.

     Mit *Mineral Rights, Austria*, versucht die Künstlerin,
die Abbaurechte für Eisen zu erwerben, das tief unter der
Erdoberfläche liegt, und als Einzelperson Eigentümerin
eines Teils dieser Welt unter Tage zu werden. Die Realisie-
rung des Konzepts erweist sich als Herausforderung – Abbaurechte werden normalerweise von Firmen gekauft,
heutzutage von großen. Almarcegui berichtet uns, dass ein
Großteil des Berliner Untergrundes eigentlich Schweden
gehört, während sich ein beträchtlicher Teil Irlands im
Besitz von Südafrika befindet. Wie steht es also mit dem
Untergrund von Österreich? Als dieser Text geschrieben wurde, machten wir nur langsame und bürokratische
Fortschritte, genau wie in den vielen anderen Ländern, in
denen die Künstlerin das Werk zu realisieren versuchte.
Almarcegui war bislang nur in Norwegen erfolgreich, wo
es ihr gelang, die Rechte an den Eisenerzlagern in Tveitvangen zu erwerben. Da das Ergebnis ihrer Bemühungen
in Österreich noch aussteht, wird die Künstlerin *Mineral
Rights, Norway* als Projektion im Rahmen von *Hall of Half-Life*
präsentieren.

Eine Reihe von Dias dokumentiert das Land über ihrem
»Untergrund«. Sie erzählt uns eine kurze Geschichte von
dem Gebiet und seiner Bergbautradition, bevor sie tiefer in
das geologische Zeitalter des Standortes eindringt und über
die ursprüngliche Entstehung des Eisens berichtet.
Die Erzählung schließt mit einer Schilderung der Erzför-
derung, mit der Darstellung, wie der Eigentümer bank-
rottging, danach die Besitzer wechselten und davon, dass
die Rechte schließlich an den Staat fallen und als Gemein-
gut ausgewiesen werden. Die Explorationsrechte, die sie
sich gesichert hat, solange die Künstlerin nicht beweisen
kann, genug Forschung betrieben zu haben, um Eisenerz
abzubauen oder dies für unrentabel befindet, werden die
Rechte wieder abgegeben.

Lara Almarceguis Kunstwerke sind ein wenig wie
Röntgenstrahlen: Sie lassen ein Bild von etwas entstehen,
das wir uns andernfalls nicht vorstellen könnten, unabhängig davon, ob dies durch Datenerfassung, Landschafts-
fotografie, eine Aktion oder enorme Anhäufungen von
Material geschieht. Indem sie ihr Augenmerk auf dieses
ungewöhnliche Gesetzesverhältnis zum Land richtet, stellt
sie dessen Wirkungsgrad und Zusammenhalt auf die Probe,
indem sie dessen Zweck verdreht, macht uns jedoch auch
die Vertikalität dieser Idee bewusst. *Mineral Rights, Austria*
(laufendes Projekt) wird von der Künstlerin in Zusammenarbeit mit dem Team des steirischen herbstes weiter-
verfolgt, bis es zum Erfolg geführt oder zum Stillstand
gekommen ist.

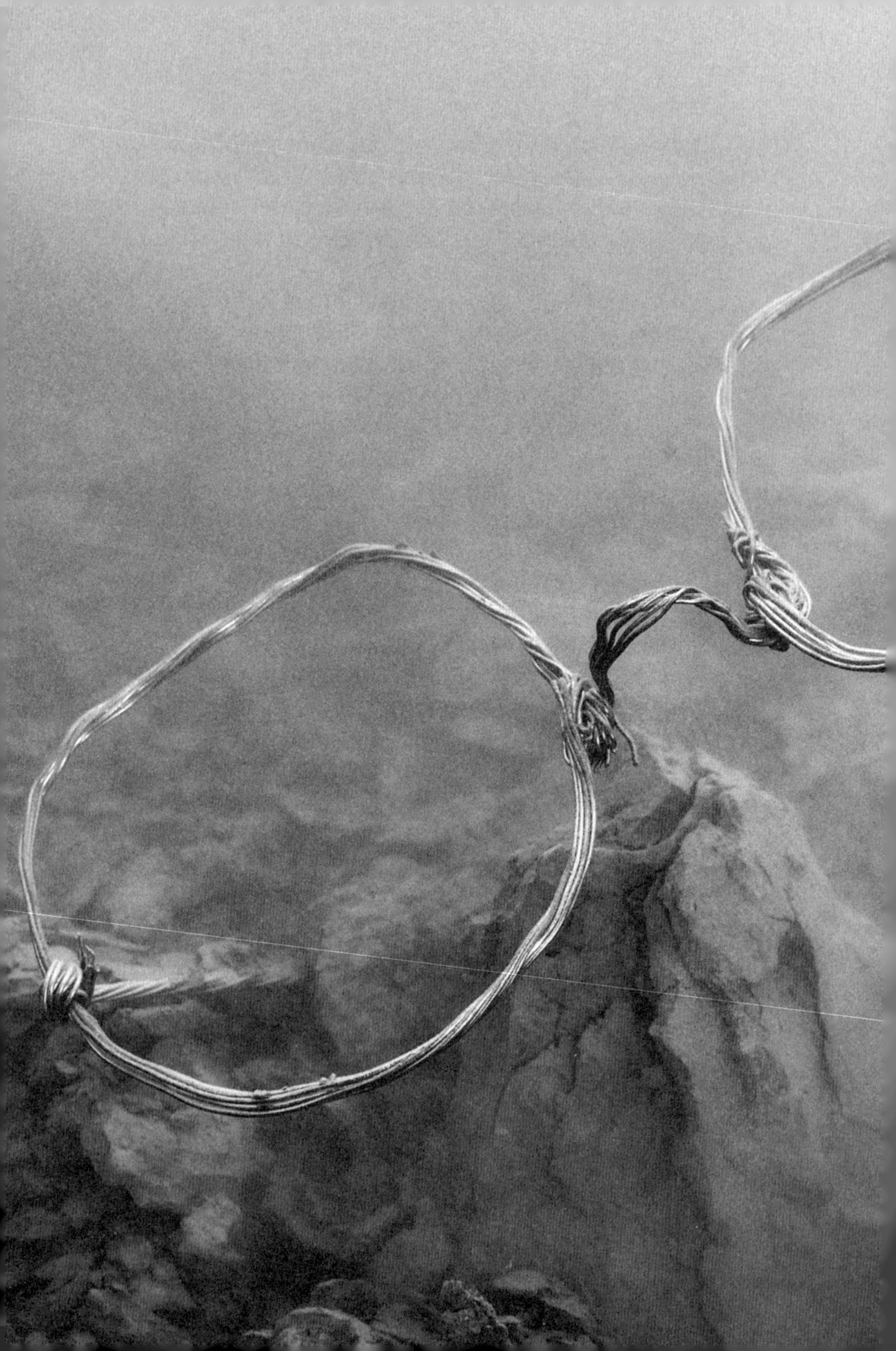

Stéphane Béna Hanly

Length of a Legacy (Schloßberg), 2015, ungebrannter Ton, Wasserbehälter, Wasser
GrazMuseum
Auftragswerk steirischer herbst 2015

Length of a Legacy (Thomas Midgley), ungebrannter Ton, Wasserbehälter, Wasser
Porubsky Halle Leoben, als Teil von Ulla von Brandenburgs *Wolken lösen sich in Wasser* (bis 17. Oktober).
Auftragsarbeit steirischer herbst 2015 und Project Arts Centre
(Detail links)

Eine Felsenlandschaft löst sich langsam in trübes Wasser auf. Der Schloßberg, der für die Grazerinnen und Grazer eindeutig als die Anhöhe im Herzen der Altstadt erkennbar ist, besitzt Befestigungsanlagen, die aus dem 10. Jahrhundert datieren. Während der hier dargestellte Schloßberg von Wasser bedeckt in einem Glasbehälter liegt, erhebt sich der reale Schloßberg hinter dem GrazMuseum und ist durch viele hohe Fenster sichtbar, die auf den Innenhof hinaus gehen. In der Etage über der Ausstellung *Hall of Half-Life* befindet sich ein großes Modell der Stadt. Es wurde 1965 von Oskar Chmdik in Auftrag gegeben und sollte den Stadtkern um 1800 veranschaulichen, und es blieb bis 2006 ein zentrales Ausstellungstück der Sammlungen des GrazMuseums. Stéphane Béna Hanly, der einen Monat lang vor Ort im Museum arbeitete, hat sich für die Errichtung seiner Landschaft an dem Chmdik-Modell orientiert und fantastische und suggestive Relikte in diese einbezogen, die sich in dem im Verfall begriffenen Felsen verbergen.

Stéphane Béna Hanly modelliert seine Landschaften und Figuren aus ungebranntem Ton, bevor er sie in Glasbehälter mit Wasser stellt. Je nachdem wie lange er die Modelle trocknen kann, beginnen diese bei Kontakt mit Wasser Blasen zu werfen und sich aufzulösen. Die Arbeit *Length of a Legacy (Thomas Midgley)* von 2015, die im Rahmen von Ulla von Brandenburgs *Wolken lösen sich in Wasser* in der Porubsky Halle in Leoben präsentiert wird, ist eine geformte Memorialbüste von Thomas Midgley, einem Mann, an den sich kaum jemand erinnert oder den kaum jemand kennt. Doch das Werk von Thomas Midgley hat unser aller Leben verändert.

Als Wissenschaftler mit bahnbrechenden Erkenntnissen im Bereich der Kältetechnik und als Entwickler der Fluorkohlenwasserstoffe (FKW) hatte Midgley unwissentlich »mehr Einfluss auf die Atmosphäre als jeder andere

Mensch in der Geschichte der Erde« (J. McNeill, *Something New Under the Sun*, 2001). Jahre nach Midgleys Tod entdeckte der Nobelpreisträger und Chemiker Paul Crutzen die verheerende Auswirkung von FKW auf die Ozonschicht – eines der wichtigsten Systeme für das Leben auf der Erde, eine Entität, die sich über Millionen von Jahren entwickelt und es überhaupt erst möglich gemacht hat, dass die Menschheit existieren kann. Mit einem klassischen Gestaltungsansatz und in Anspielung auf monumentale menschliche Errungenschaften und Bestrebungen verfallen Stéphane Béna Hanlys Figuren und Landschaften in einer von der Trocknungszeit abhängigen Geschwindigkeit und Form. Das ist ein Prozess, den er bei Monumenten überall um uns herum sieht. Bei den Dingen, die zur Verewigung einer Idee oder einer Person geschaffen wurden, setzt der Verfallsprozess bereits im Augenblick ihrer Entstehung ein: durch die Luft, Wasser, natürliche Zerstörung oder den Eingriff des Menschen.

    Während *Length of a Legacy (Thomas Midgley)* vsich auflöst und dabei unkenntlich wird, treten bei *Length of a Legacy (Schloßberg)* neue Formen zu Tage während es zerfällt. Sobald diese präzise modellierte Landschaft in Berührung mit Wasser kommt, wird sie sich ebenfalls aufzulösen beginnen, und wenn der Berg zusammenfällt und in Teile zerbricht, wird sein Innenleben offenbar, kommen unerwartete Untermieter zutage, Artefakte, die lange in der Gebirgslandschaft verborgen waren. Bei einem Besuch im Naturhistorischen Museum in Graz erfährt man von dem Haifischzahn, der in der Nähe der Steiermark im Gestein gefunden wurde, was darauf hindeutet, dass Graz vor 15 Millionen Jahren in der Nähe der Meeresküste lag. Durch die Arbeit von Stéphane Béna Hanly kehren wir in diese Zeit zurück, werden an das lange zurückliegende geologische Zeitalter des Gebietes und unseres Planeten erinnert, finden uns selbst auf den Spuren eines Science-Fiction-Szenarios wieder, irgendwann in der Zukunft oder in der Vergangenheit, oder irgendwo auf einer Seite.

Dieses schrittweise erodierende Monument wird zu einer Allegorie wissenschaftlicher Anstrengung, entropischen Verfalls und zu einer Reflexion über den kulturellen Wunsch nach Memorialisierung. Wenn der Ton zerfällt und das trübe Wasser sich schließlich klärt, werden wir eine veränderte Landschaft in diesen Behältern vorfinden – nicht gestaltet, nicht geplant, jedoch das unvorhersehbare Nebenprodukt dessen, was ursprünglich beabsichtigt war.

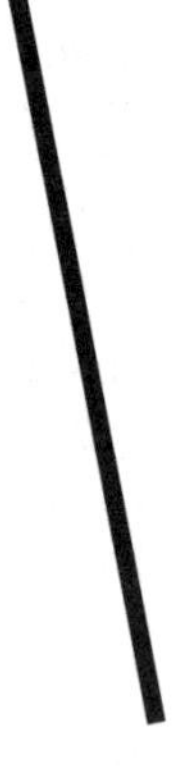

Simon Boudvin

5 PILIERS (Ribecourt), **2005**
Fotografie

CONCAVE 05 (Cazals), **2010**
Mehrfach belichtete Fotografie
unterirdischer Höhlen

CONCAVE 06 (Poncé), **2012**
Mehrfach belichtete Fotografie
unterirdischer Höhlen

CONCAVE 07 (Ruillé), **2012**
Mehrfach belichtete Fotografie
unterirdischer Höhlen
(Bildausschnitt nächste Seite)

CONCAVE 04 (Gagny), **2007**
Mehrfach belichtete Fotografie
einer ehemaligen Gipsgrube

Alle GrazMuseum
Alle co-produziert von steirischer
herbst 2015 und Project Arts Centre

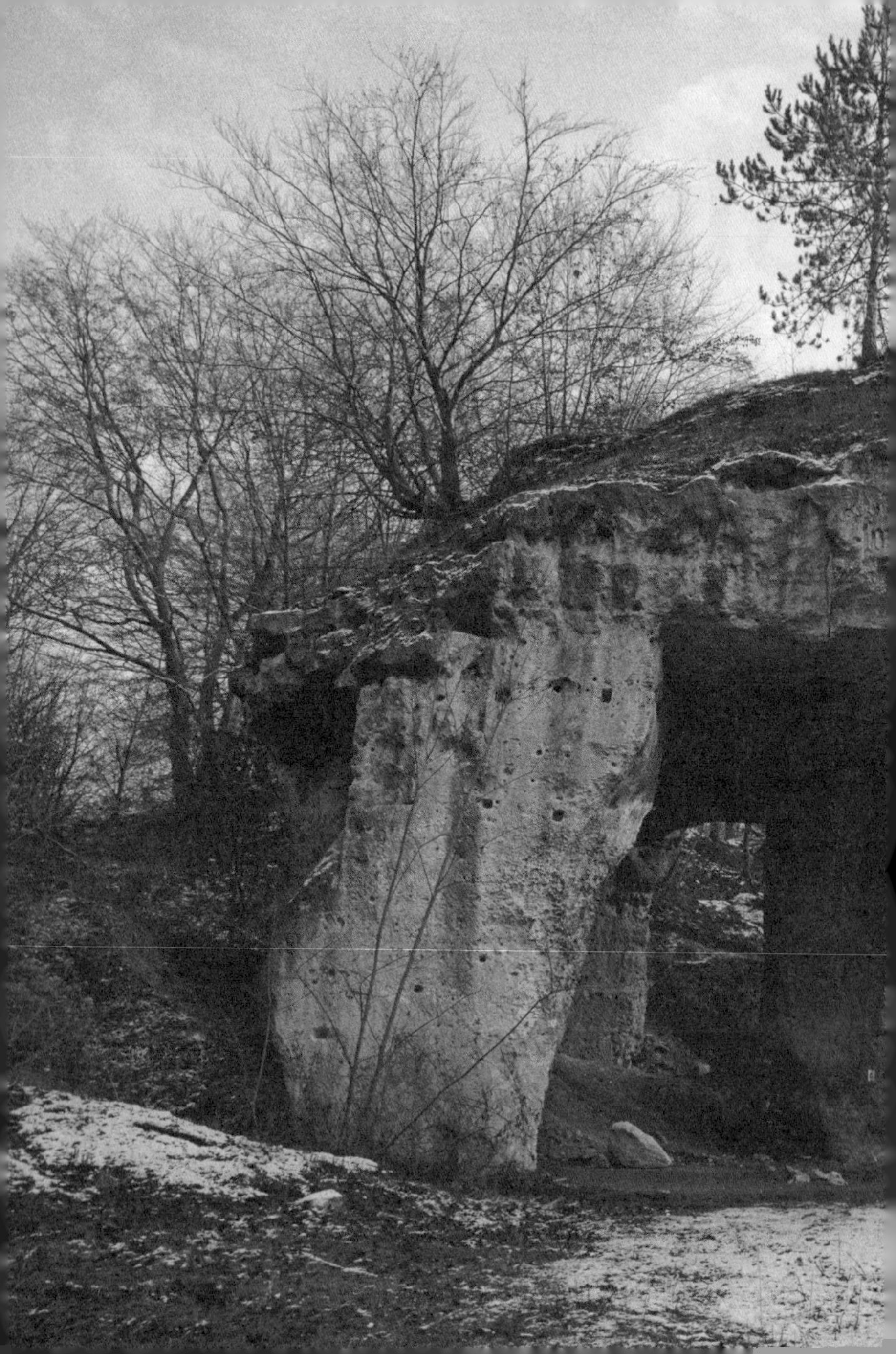

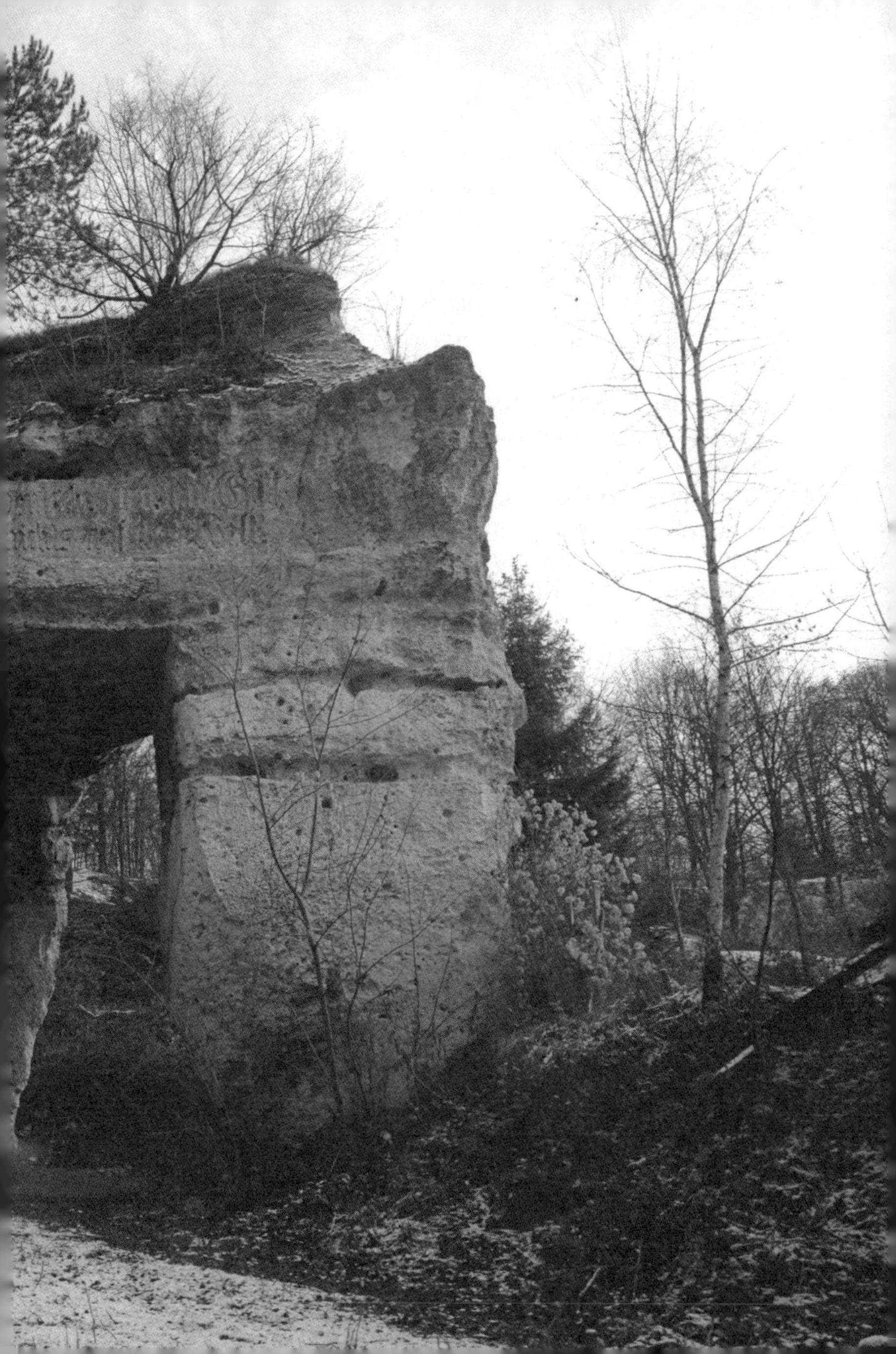

Simon Boudvin nimmt uns mit in den Bauch der Erde.
Seine Fotografien von französischen Gruben und Höhlen
sind aus dem dokumentarischen Wunsch heraus geboren,
Bilder von Orten einzufangen, die anderenfalls vor unseren
Augen und unserem Bewusstsein verborgen blieben. Be-
zugnehmend auf die Materiallehre der Architektur sagt
er zum Beispiel: »Um an irgendeinem Ort einen Raum zu
errichten, muss man einen anderen schaffen, aus dem man
das Material bezieht. Jedes Gebäude hat eine verborgene
Schwester. Ein Raum wird gewünscht, geplant und genutzt.
Der andere ist überflüssig.« Diese unterirdischen »verbor-
genen Schwestern« oder »signifikanten Anderen« werden
von dem Künstler als autarkem Forscher besucht. Wenn sie
im Umfeld der Galerie präsentiert werden, erscheinen sie
erschlossen, vielleicht für den Tourismus geöffnet, seltsame
unterirdische Orte, die aus irgendeinem Grund für das
Publikum beleuchtet wurden. Sie sind in Wirklichkeit das
genaue Gegenteil. Der Künstler verlegt Meter für Meter
Leuchtstoffröhren auf den Böden der Höhle, schaltet den
Generator ein, beleuchtet einen Abschnitt und belichtet
seinen Film, indem er mit einer Mittelformat-Kamera ein
Foto aufnimmt. Er wiederholt diesen Prozess und belichtet
den gleichen Film immer wieder, bis die gesamte Unter-
grundkomposition eingefangen ist. An der Galeriewand auf
den Kopf gedreht, werden diese betörend schlichten Kon-
struktionen plötzlich viel komplexer fürs Auge, und zwar
nicht durch die Trickserei und Täuschung nachträglicher
Bildbearbeitung, sondern durch die Wirkung dieser Aus-
schachtungen und großen Hohlräume, die durch diese
entstehen.

    Diese Stätten dehnen sich in geringer Tiefe groß-
flächig in die Erde aus, und sobald sich die Erde verändert
(wie wir wissen, wird sie das tun), bahnen sich die tiefen
Spuren ihrer Ausschachtung wahrscheinlich ihren Weg

an die Oberfläche. Boudvins Bilder legen nahe, dass es wahrscheinlicher ist, dass diese Stätten und Strukturen in der Zukunft als künstlerische oder kommunikative Produkte der Menschheit verstanden und erfasst werden können, als die industriellen Nebenprodukte, die sie eigentlich sind.

    5 PILIERS (*Ribecourt*) ist nicht das Bild oder die neolithische Struktur, die es zu sein scheint: Es ist die Kuppe eines Hügels, der mit der Zeit eingebrochen und nach der Erosion in das Innere der darunter liegenden stillgelegten Grube gefallen ist. Boudvin sagt: »Dieses Objekt kann als Denkmal für die Arbeit der Grubenarbeiter und Bauunternehmer betrachtet werden, ein Denkmal, das durch einen Zufall entstand: halb natürlich, halb kulturell.« Wir werden so an die Steinhaufen, an die Menhire und die megalithischen Strukturen erinnert, die unsere Architekturgeschichte vorausahnen lassen. Ganz egal, ob es sich um bewusst Gebautes oder um die unbeabsichtigten Ergebnisse von Rohstoffabbau, Grabungen und Klimawandel handelt, wir bekommen einen flüchtigen Eindruck davon, wie unsere modernen Bauten jenen Forschern erscheinen könnten, die aus den Bestrebungen und Entscheidungen derer schlau zu werden versuchen, die im Anthropozän gelebt haben.

Gerard Byrne

BRIGHTSIGN, 2015
35 mm-Diaprojektion,
GrazMuseum
Auftragswerk steirischer herbst 2015
und unterstützt von Culture Ireland
(Detail links)

Gerard Byrnes BRIGHTSIGN vereint eine Reihe von Diabildern, Filmsequenzen, Audioperformances, Aufnahmen und historischen Dokumenten und interpretiert, verwaltet, erfasst und artikuliert sie mit Hilfe des einfachen kleinen Brightsign Media Players. Er mag nicht so großartig erscheinen, dieser Mediaplayer, doch er ist wesentlich für das Verständnis, wie Gerard Byrne über Kunst und ihren Moment der Präsentation denkt.

Diese neue Arbeit geht von Wilhelm Reich aus. Der prominente österreichische Psychoanalytiker war ein Vorreiter auf seinem Gebiet, und wie viele Vorreiter avancierte er durch sein charismatisches Bekenntnis zu seiner Theorie der Orgonenergie zu einem Mann von exzentrischer Berühmtheit und gleichzeitig auch zu einer Gefahr für das Establishment. Gerard Byrne beschreibt Reichs wissenschaftliches Vorhaben als »ganzheitlich, allumfassend, und als solches trotzte es den Orthodoxien der Wissenschaftsmethodik des 20. Jahrhunderts, die zu strenger Spezialisierung, Abgrenzung und Unterscheidung von Wissenschaftsgebieten tendierte«. Nach Jahren beruflicher Demütigung und Zurückweisung durch die akademischen Einrichtungen, die ihn ehemals gefördert hatten, emigrierte Reich nach Amerika, wo er schließlich im Gefängnis starb.

Er vertrat eine Anschauung, in die man sich einfinden musste: Man sollte die herkömmliche Lebensweisheit aufgeben und sich auf seine Studien und Experimente einlassen. Während seiner Zeit in Amerika richtete er sich ein Labor auf einem Anwesen im ländlichen Bundesstaat Main ein, das er Orgonon nannte. Er war vom klaren Nachthimmel dort fasziniert, der für seine Studien und Beobachtungen der Orgonenergie unerlässlich war. Reich glaubte, dass diese biologische, kosmische oder elektrostatische Energie allem in unserer Welt innewohnte. Die schriftliche Dokumentation und Korrespondenz aus den folgenden Jahren

seiner Forschung (in denen er »Orgonakkumulatoren«
baute und versuchte, die Existenz des Orgons nachzu-
weisen) liefern einen Einblick in seine außergewöhnliche
und unerschütterliche Überzeugung. Byrne entdeckt in
seinem Werk ein Beispiel für »konzeptionelles Denken, das
sich ganz anders verhält als die Symmetrien historischer
Zeit und die Abgrenzung von Wissenschaftsgebieten«. Es
ist ein Sprung über die Beschränkungen hinaus, wie wir uns
selbst in der Welt und in deren zeitlichem Ablauf darstellen, und das steht mit vielen Ideen von *Hall of Half-Life* in
Einklang.

Gerard Byrne besuchte Orgonon und richtete
seine Kamera auf den Nachthimmel, ein Feld voller Stern-
symbole und eigenständiger Vorboten, dem Reichs Aufmerksamkeit galt, als er nach Hinweisen und Beispie-
len für seine Orgonenergie suchte. please change to: Die
Projektion besteht aus überblendeten 35mm-Dias und wie
in vielen Installationen von Gerard Byrne ist die technische
Vorrichtung zur Präsentation der Arbeit augenfällig, stimmt
das Tempo ihres Ablaufplans in Echtzeit mit dem Leben
außerhalb des Museums überein und spiegelt sich die
Funktion ihrer Wiedergabe in der Arbeit selbst. BRIGHTSIGN
packt uns so in einem differenzierteren, wörtlicheren Sinn.
Byrne hat den kleinen Brightsign Media Player rückentwick-
elt, um die Arbeit vorzuführen. Er ist das Anzeigesteuer-
ungszentrum des digitalen Zeitalters, welches Material aus
der Vergangenheit mit Bildern der Zukunft verschmilzt
und Geschichten aus dem Leben mit Geschichten, die wir
nachspielen, verbindet. Er verweist allein schon durch sein-
en Namen auf die Sterne, diese einzigartigen hellen Punkte
am Himmel und Zeichen, die als Navigationshilfe dienten.

In dem sensiblen Kontext der historischen Ausstellung im GrazMuseum, wo zuweilen Vorderseiten, Rückseit-
en, Reproduktionen und Spiegelbilder verschiedener Objek-

te und Kunstwerke in einem außergewöhnlichen baulichen Rahmen präsentiert werden, versetzt auch Byrne uns ins Zentrum der Bilderzeugung und Präsentation. Wie Catherine Wood schreibt, »gleicht Byrnes Œuvre einem Theatersaal mit halbdurchlässigen Spiegeln, in denen die Positionen von Objekt und Betrachter mittels Bildbearbeitungstechniken endlos gespiegelt, gebrochen und erneut gespiegelt werden.« So wie sich die Sammlungen bei der Präsentation im GrazMuseum zwischen Reproduktionen, Originalen und Fragmenten bewegen, so zerstückelt auch Gerard Byrnes neue Arbeit einige der fragmentierten Materialien, die zeitlich vor den heutigen Bildkulturen liegen, und setzt sie dann wieder neu zusammen.

Regina de Miguel

The last term that touches the sight (ANXIETY), 2010
Digitale Zeichnung
GrazMuseum
Mit freundlicher Genehmigung
der Künstlerin und Maisterra
Valbuena, Madrid
(nächste Seite)

The last term that touches the sight (ISOLATION), 2010
Digitale Zeichnung
GrazMuseum
Mit freundlicher Genehmigung
der Künstlerin und Maisterra
Valbuena, Madrid
Auftragswerk steirischer herbst 2015

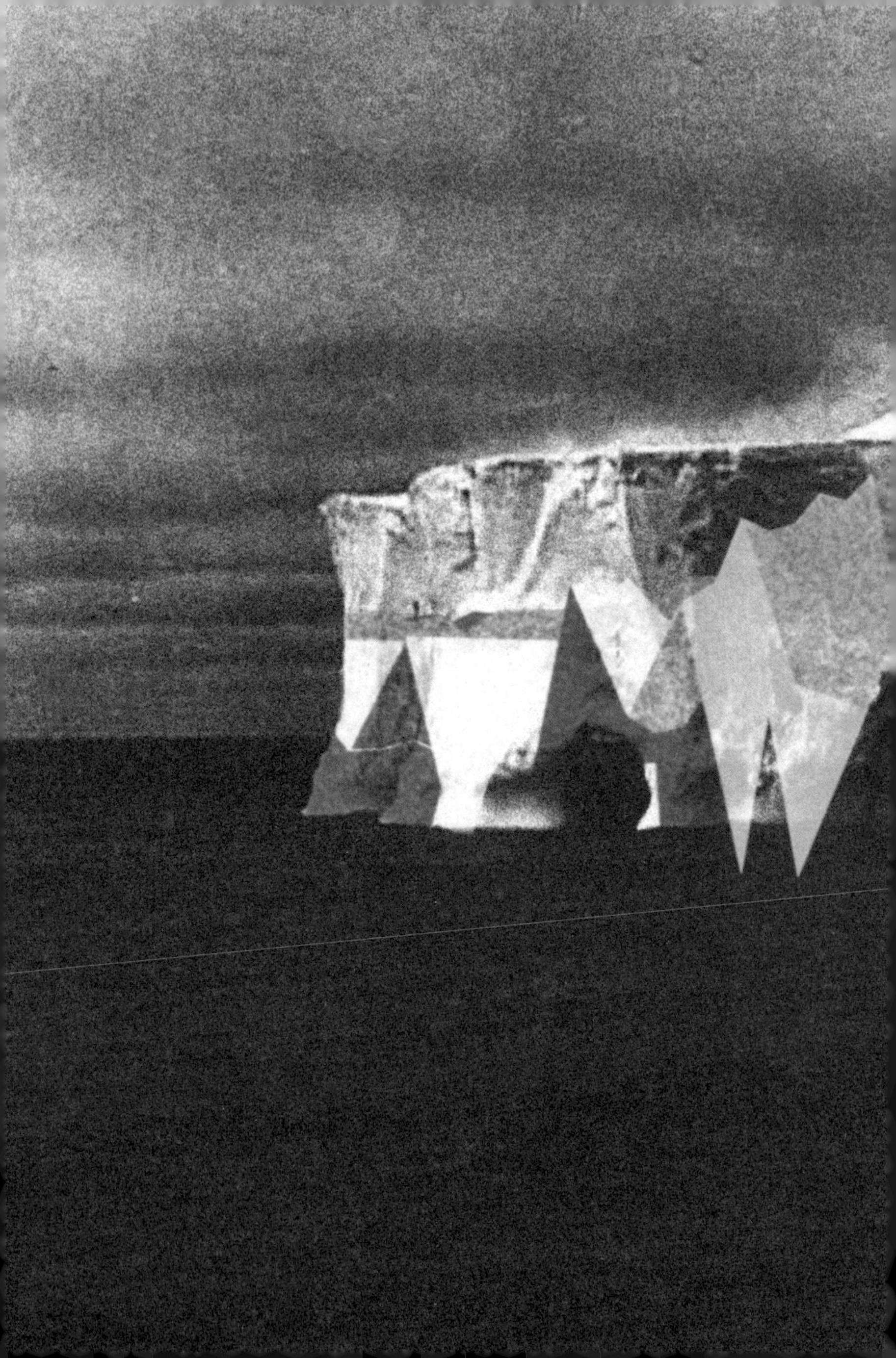

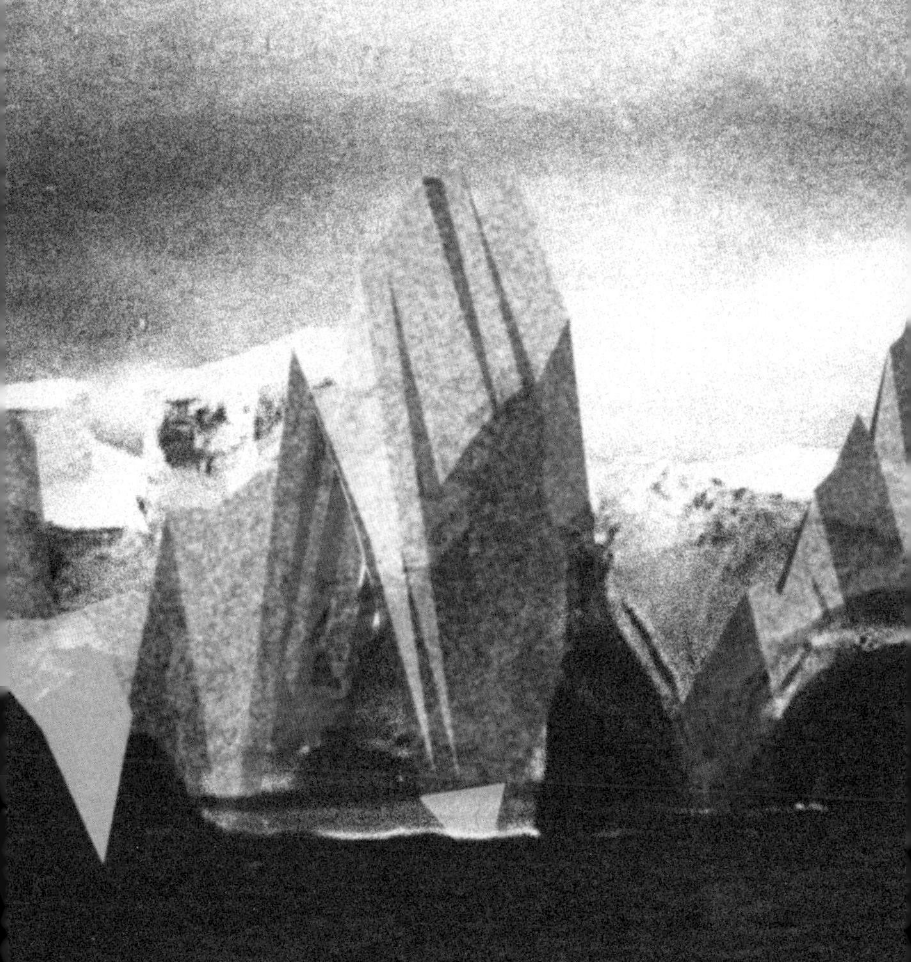

ISOLATION

Die beiden in der Ausstellung *Hall of Half-Life* gezeigten
Werke von Regina de Miguel sind Collagen. In jeder
werden drei unterschiedliche Schichten zu einem Bild kom-
primiert, das von Zeit und Form handelt, Andeutungen,
die sowohl dem Unterbewusstsein als auch dem wachen
Geist anhaften. Von zentraler Bedeutung bei Reginas
Methode sind Daten. Sie sammelt sie, verwendet sie,
analysiert sie und trickst sie sogar aus. Die in *The last term
that touches the sight* (ISOLATION) & (ANXIETY) enthaltenen
Daten entstammen Eurostat, sie sind aus einer Statistik, die
auf der Grundlage von Therapiesitzungen mit Menschen
erhoben wurde, die depressiv sind, Verzweiflung, Angst,
Trauer und Einsamkeit empfinden. Wenn man sich wegen
dieser Gefühlszustände einer Therapie unterzieht und man
aufgefordert wird, einen Seelenzustand zu beschreiben,
dann wird häufig das Bild des Eisberges angeführt. In der
kantigen Schönheit des Eisberges, allein und losgelöst in der
Landschaft treibend, schwingt eine große Bedrohung mit
– der für das bloße Auge unsichtbare schwimmende Berg,
der unter der Wasseroberfläche treibt. De Miguel hat über
diese gebirgige eine weitere ausgedehnte Szene gelagert.
Die Fakten hinter dieser computergenerierten statistischen
Karte lassen ebenfalls Bilder entstehen. Obwohl sie keine
Koordinaten liefert oder uns erzählt, was das Schaubild
darstellt, ist die Bedeutung durch den Text, der unten
prangt, klar: ISOLATION. ANXIETY – EINSAMKEIT.
ANGST.

  Einmal überdimensioniert und bedrohlich sich
auftuend, einmal konzentriert auf einer schwarzen Wand
im GrazMuseum verbinden die Arbeiten die Vergangenheit
mit der Zukunft. Das Bild des Eisberges, das mit getrübter
Linse aufgenommen wurde und an die Polarreisen zur Zeit
Ernest Shackletons erinnert, stammt eindeutig aus der
Frühzeit der Fotografie. Es ist eine Fotografie, die in einer

Zeit aufgenommen wurde, als die Authentizität eines Bildes noch als selbstverständlich galt. Im Gegensatz zu ihren vom Land umschlossenen Vettern, die als Menhire oder neolithische Strukturen Bestand haben, sind diese speziellen Eisberge für immer von diesem Planeten gegangen. Diese Erinnerung an die Vergänglichkeit wird durch die Zeit, in der wir leben, noch verstärkt, wenn die Bedrohung durch einen schwimmenden Eisberg uns nicht nur an legendäre Schiffskatastrophen erinnert, sondern – was noch dringlicher ist – an das Schmelzen der Polarkappen. Der CO_2-Ausstoß kann nur schwerlich sichtbar gemacht und die Auswirkung einer Klimaveränderung um 2°C schwer eingeschätzt werden, doch es besteht keine Unklarheit über einen Eisberg, der in Gewässern treibt, wo er nicht sein sollte. Dieses Bild aus der Vergangenheit wird dann von einer Andeutung der digitalen Zukunft überlagert, wo der ausgedehnte Begriff eines Bildes unweigerlich immer stärker mit Algorithmen und der Interpretation von Daten verflochten und mit, wenn nicht durch, computerisierte Systeme geschaffen sein wird.

Als Ganzes betrachtet bildet jede der Collagen einen einzelnen Gefühlszustand ab (so ähnlich sie sich auch sind). Und in der fernen, fernen Zukunft, zu einer Zeit, wenn Sprache überhaupt keine Ähnlichkeit mehr mit irgendeiner heute gesprochenen Sprache hat, wird dieser Gedanke, dass ein Objekt irgendetwas Ähnliches wie eine signifikante Form, ein ursprüngliches Gefühl oder sinngebende Eigenschaft beinhalten kann, faszinierend für Fragen der Form, der Zeit und der Kommunikation.

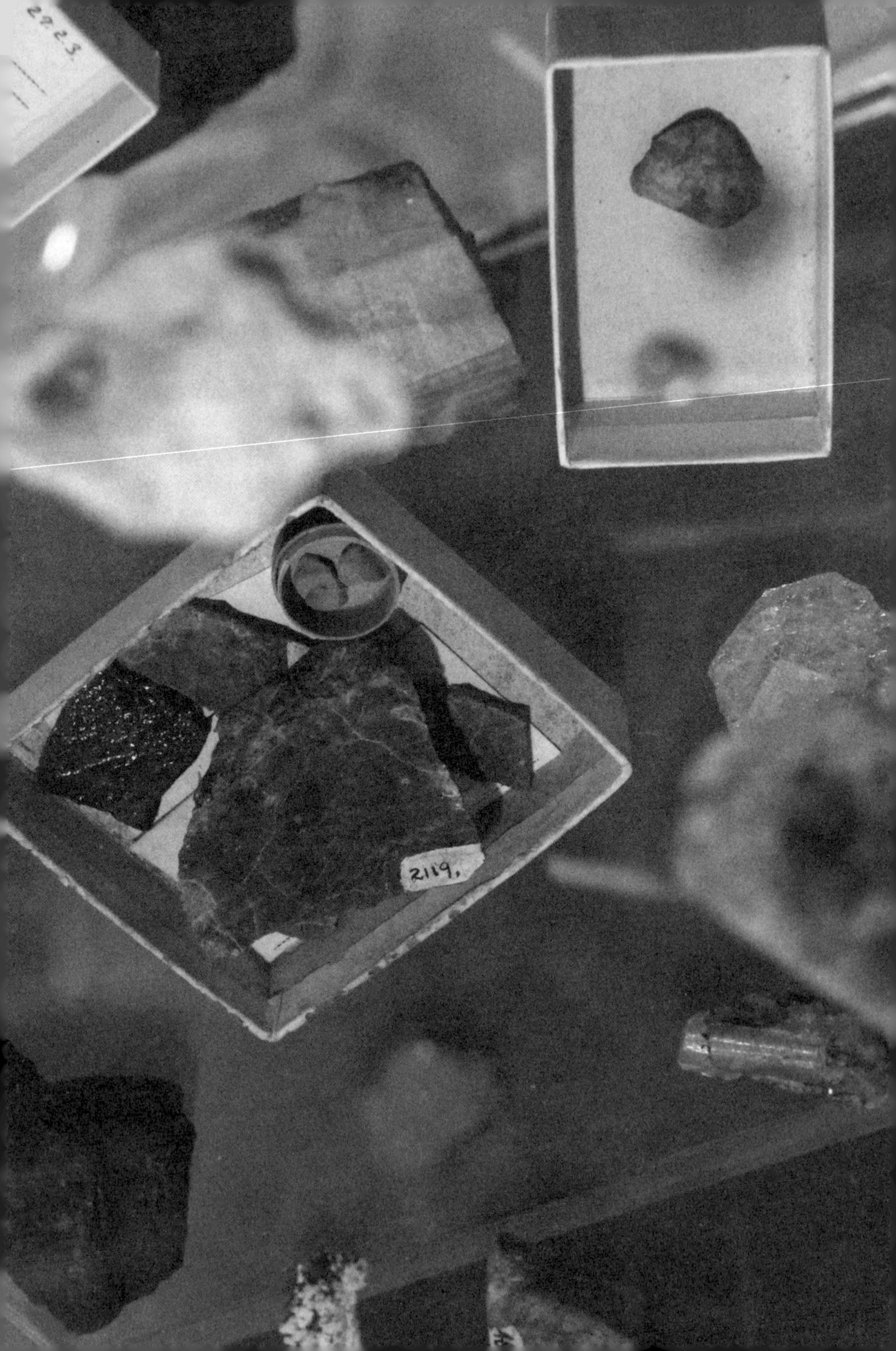

2119,

Mikala Dwyer

St Jude's Leftovers
**Installation, Acryl auf Leinwand,
Wandgemälde, Skulptur, u.a.
Auftragswerk steirischer herbst 2015
(Bild links, Detail Ausstellungsansicht,
Mikala Dwyer** *The garden of half-life***,
2014)**

YOUR THOUGHTS IN LIGHTS
**LED-Installation am Ofenstock des
Radwerkes III, Vordernberg
(bis 18. Oktober)
Auftragswerk steirischer herbst 2015
Foto: Alejandra Canales**

Mikala Dwyers Projekte sprechen zueinander wie
Antennen. Sie sind Kommunikationseinrichtungen: Sie
senden, empfangen und nehmen Botschaften zwischen
Vordernberg und Graz auf.

In ihrer neuen Installation für das GrazMuseum
entwickelt Dwyer ein Werk, das ebenso von dem Material
und dem Sedimentbefund der Steine wie auch von der
hypothetischen Wirkkraft der Energie beeinflusst ist, die
sie umgibt. Steine, Kunstobjekte, Industrieüberreste und
alte Relikte besitzen alle ein großes Bedeutungspotenzial,
eine totemistische Macht, die sich aus Dwyers großem
Skulpturenbestand und ihren Skulpturengruppen
entwickelt. Offen gesagt – sie glaubt an Dinge und zwingt
uns, ebenfalls an diese zu glauben. Gleich ob es sich um
eine Gruppe von Objekten handelt, die so arrangiert
sind, als würden sie miteinander kommunizieren, oder
um Überbleibsel menschlichen Handelns, die zu etwas
Symbolischem erhoben wurden, bedeutet die Gegenwart
ihrer Dinge, Schritt zu halten mit dem Geist des
Möglichen.

Über die Wände des GrazMuseums erstreckt sich
ein großes Wandgemälde, ein Querschnitt, der sich auf
die Sedimentschichten im Erdboden unter unseren Füßen
bezieht. Er schafft eine Art Grundlinie, wird zu einem
graphischen Nivellierer in einem Raum, der die Aufstellung
und Installation aller anderen Objekte diktiert. Die neue
Serie von Gemälden auf Leinwänden, die nicht aufgezogen
sind, haben einen schrillen Charakter, sind verwirrend
in ihren Geometrien und weigern sich, den Regeln der
schonungslos minimalistischen Abstraktion zu folgen.
Diese Gemälde sind auf die Begegnung der Künstlerin
mit kleinen, in Aquarell ausgeführten Gemäldeskizzen
von William B. Yeates zurückzuführen. Die Skizzen
entstanden im Zusammenhang mit Yeates Engagement bei

der Gesellschaft Hermetic Order of the Golden Dawn,
bei der er – neben dem noch mehr im Vordergrund
stehenden Aleister Crowley – ein bedeutendes
Mitglied war. Dwyers Gemälde behalten die Geste der
Umarmung bei, die ihre frühen Vorgängerwandgemälde
charakterisierte, und verleiht der Ausstellung eine
Anmutung von Ehrfurcht, so als würden wir zu einer
rituellen Versammlung zusammenkommen. In der Mitte
des Raumes sind beeindruckende Elemente konzentriert.
Sprache und Objekte verdichten sich hier unter einer
Abstraktion des Naturwunders von Vordernberg – dem
meteoritenähnlichen geschmolzenen Gestein im Ofenstock
des *Radwerk III*.

Mit dem Wegfall der Bergbauindustrie vor Ort
schwand auch die Arbeitskraft der kleinen Industriestadt
Vordernberg. Die noch existierenden historischen
Monumente und Museen erinnern lebhaft an die Hitze und
die körperliche Anstrengung, die mit einer solchen Arbeit
verbunden waren, und die hoch aufragenden Schlote sind
imposante Ikonen dieser Ära. Auf einem solchen Turm hat
Mikala Dwyer ihre Kommunikationseinrichtung installiert.
Die LED-Anzeigetafel, die den Ofenstock des *Radwerkes III*
ziert, übermittelt Botschaften direkt in den öffentlichen
Raum des Ortes. Ursprünglich motiviert durch den neuen
Wirtschaftszweig in Vordernberg (das Anhaltezentrum),
hat Dwyer einen Sendemasten geschaffen der als offenes
und reflektierendes Medium über die Ortsgrenzen hinaus
Känale öffnet für Stimmen, Gebete und Botschaften.

Dieses Monument, dieser Ofenstock des *Radwerkes
III*, hat seine ganz eigene Besonderheit, die wiederum
den Antrieb für Dwyers zweite Umgestaltung lieferte.
Dramatisch beleuchtet als Teil ihrer Installation, erscheint
das geschmolzene Gestein am Sockel des Ofenschlotes auf
den ersten Blick wie von einer anderen Galaxie und nicht

etwa wie die Relikte des Industriezeitalters. Der »Meteorit«
(wie wir ihn nennen) ist auch das Modell für Dwyers
Installation im GrazMuseum. Sie hat in der Tat ein Abbild
davon geschaffen, indem sie eine ähnlich aussehende
Plastikform geschmolzen hat. Dieser Plastikmeteorit, der
sich – bemalt und von Innen heraus strukturiert – in der
Mitte des Raumes erhebt, bewegt sich zwischen altem
Artefakt und temporärem Gehäuse – und keines von
beidem entspricht seinen Ursprüngen. Verpflichtet, seine
museale Präsentation zu überdauern, kann der Meteorit
vom *Radwerk* III in der freien Natur bis weit in die Zukunft
Fortbestand haben, ein seltsames, deplatziertes Artefakt,
das nach Interpretation verlangt – doch was stellt es dar?
　　　Industrie über Industrie, Sedimentschichten,
ein Objekt, das aus einem anderen extrahiert wird:
Dwyers Arbeit ist sowohl spielerisch als auch komplex
und durchdrängt ihre politische Ernsthaftigkeit mit der
suggestiven Sprache von Spiritualismus und Invokation.

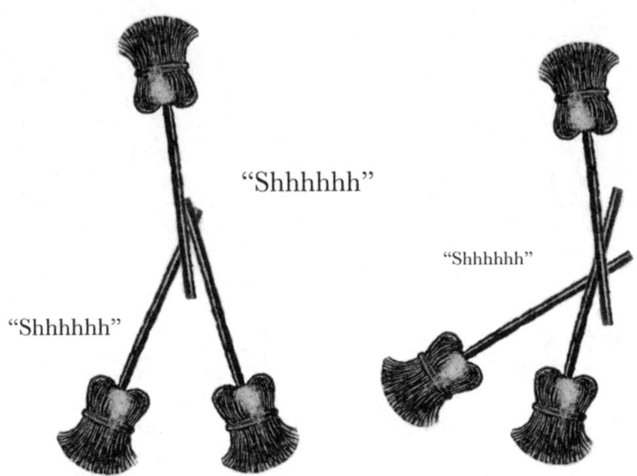

"Shhhhhh"
"Shhhhhh"
"Shhhhhh"

Geoffrey Farmer

When Sweeping With Your Cosmic Broom,
Sweep Us Out Of Our Mouldy Ruts, **2015**
Installation
GrazMuseum
Auftragsarbeit steirischer herbst 2015
(Bild links)

Anfänge sind kompliziert.

Tatsächlich gibt es Spekulationen, dass es noch nie wirklich einen gegeben hat. Einige sagen, es gab einen Anfang, doch es wird nie ein Ende geben. Einige behaupten beharrlich, dass es nur die Mitte gibt, während andere nur vom Ende schreiben und sprechen (DONNERHALL). In den Puranas, einer alten Hinduschrift, wird das Universum als zyklisch beschrieben, das 4.320.000.000 Jahre blinzelt und dann einschläft, wieder erwacht und neu beginnt. Diese scheinbar unverständliche und wunderliche Vorstellung deckt sich mit einigen wissenschaftlichen Theorien über unser gegenwärtiges Verständnis von seiner Dimension. Zum Beispiel würden wir 410.000.000.000 Jahre brauchen, um mit Lichtgeschwindigkeit von dieser Stelle bis zum Ende des sichtbaren Universums zu reisen. Und sogar dann ist es wegen seiner ständigen Ausdehnung möglich, dass wir dieses Ende niemals erreichen würden.

Vielleicht ist es leichter, Anfänge als Ankündigungen zu denken – und man muss nur eine Flagge einstecken, eine Glocke läuten oder ein Feuerwerk anzünden, um sie festzulegen. Die unvorstellbare Ausdehnung wird dann unterbrochen vom Blinken beim Einschalten und Ausschalten des Lichts, Händeschütteln, Heben des Vorhangs, Gewehrschüssen, Küssen, Grabsteinen, Zusammenbrüchen, Gebeten, Klopfen an Türen und dem Schnappen nach Luft. Anfänge werden dann zu Enden und Enden werden zu Anfängen, und Zusammenkehren ist die einzige Gelegenheit, wieder neu zu beginnen.

Mit dem, was hier geschrieben steht, erkläre ich einen Anfang – vom Schreiben eines Buches, für das der steirische herbst ein Raum sein wird. Er beginnt mit einem Besen, der einen Raum kehrt, um ein Grab zu schaffen. Der Besen wird einen Raum finden, und der Raum wird ein Buch finden. Dann wird das Grab einen Besen finden, der Besen einen Raum. Und dann beginnt wieder alles in umgekehrter Reihenfolge und endet in einer Kehrbewegung zur Schaffung eines Geräuschs – dem Geräusch von Borsten auf einer Fläche, ein Zeichen, dass etwas getan werden muss.

»Shhhhhh« »Shhhhhh« »Shhhhhh«.

Mit drei Schwüngen eines Besens ein Buch schreiben.

Geoffrey Farmer

Diese Arbeit ist Teil eines laufenden Projekts, das von Artangel, London, entwickelt und unterstützt wird.

Harun Farocki

Übertragung (Transmission), 2007
Ein-Kanal-Video, DigiBeta, Farbe,
43 Min.
GrazMuseum
(Filmstill nächste Seite)

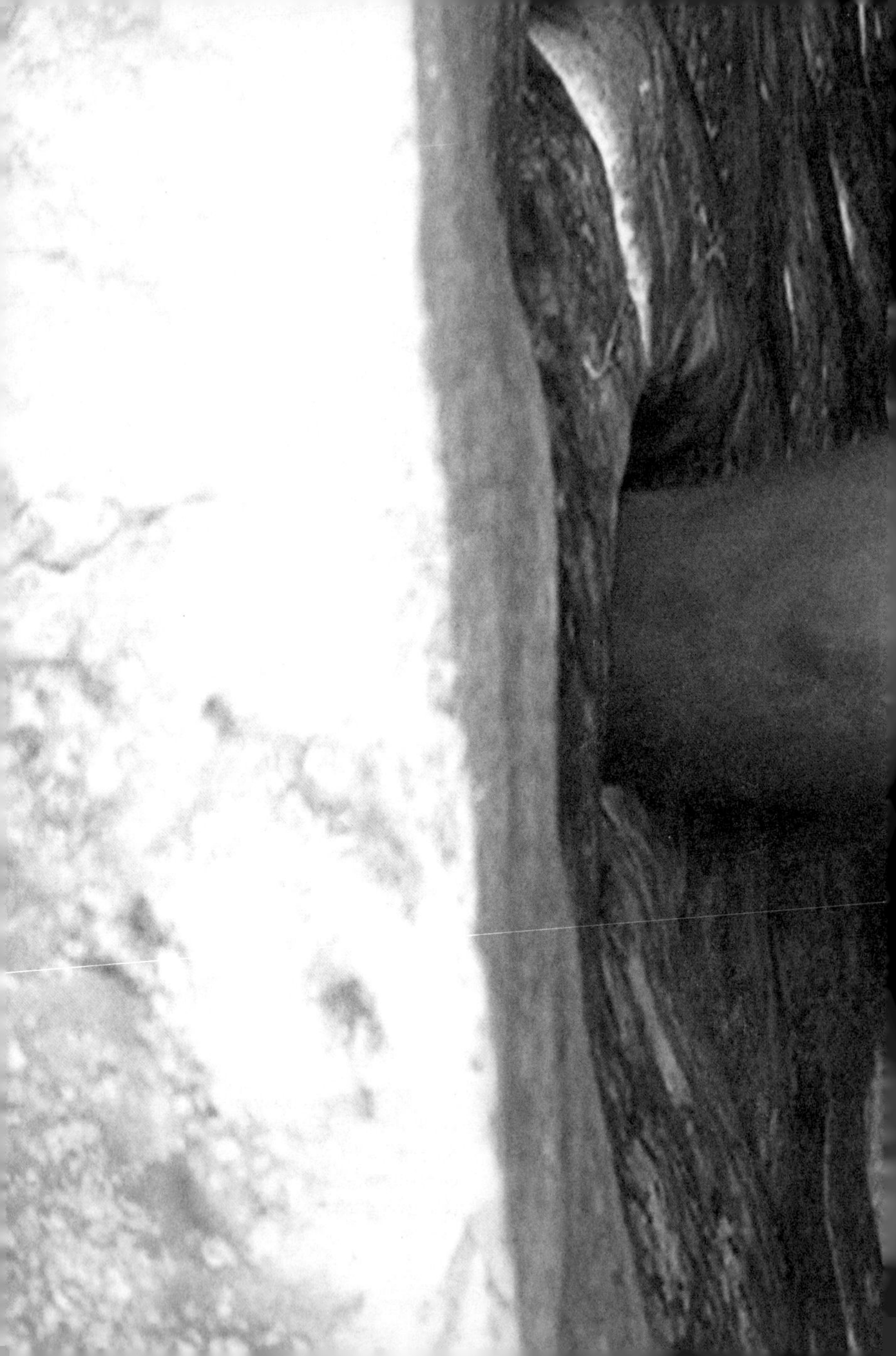

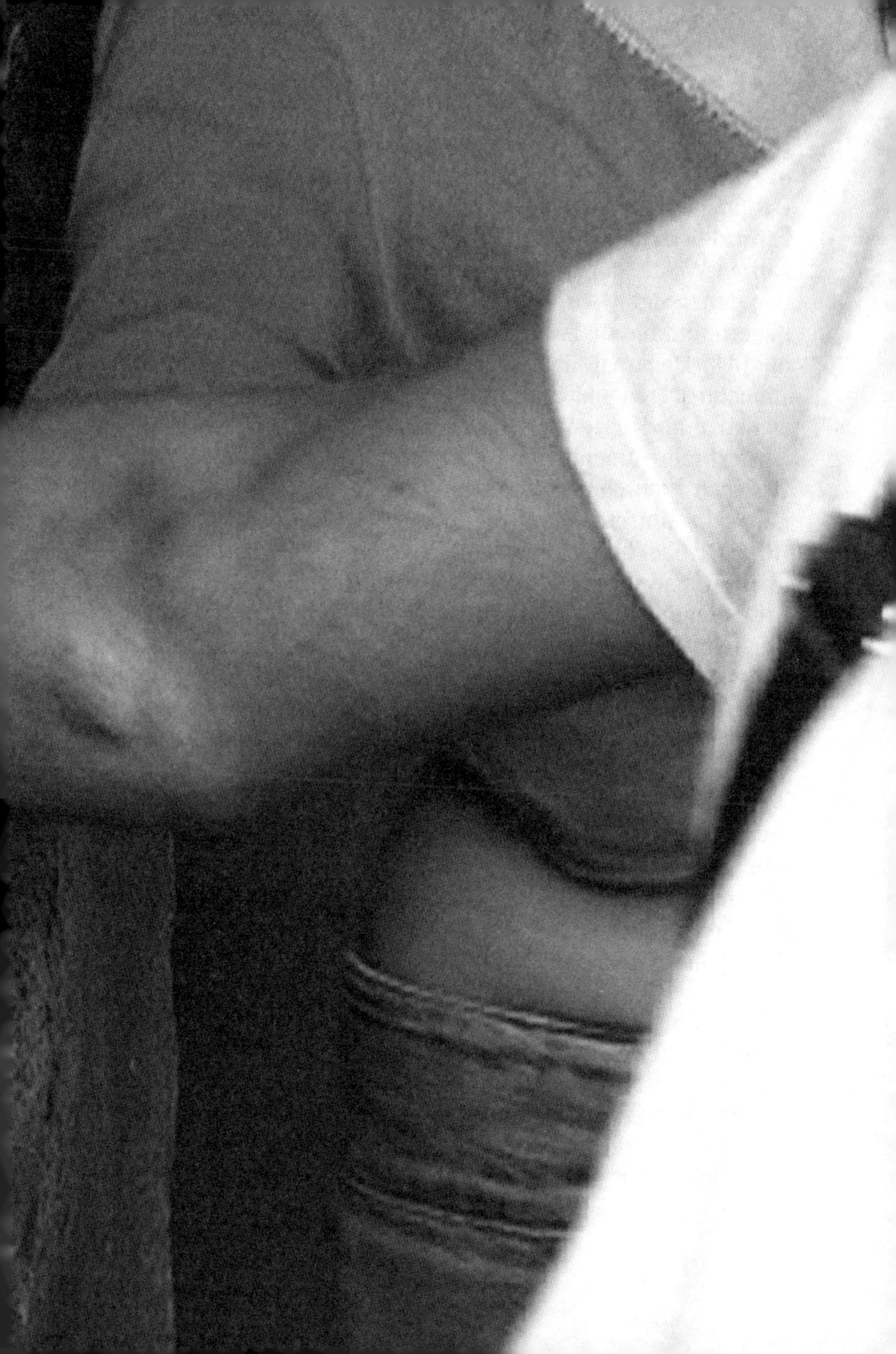

Harun Farockis *Übertragung* (Transmission) ist eine Studie über das intensive Verhältnis von Menschen zu Objekten, Denkmälern und Ideen. Den ganzen Film hindurch besucht Farocki verschiedene Monumente und Mahnmäler auf der ganzen Welt – konkrete wie auch immaterielle Stätten, von denen die Menschen Besitz ergreifen, zu denen sie pilgern und die sie zwangsläufig auch berühren. Von einem US-Denkmal, das an den Vietnamkrieg erinnert, der Münchner Frauenkirche und dem Teufelstritt oder einem Denkmal im Konzentrationslager Buchenwald aus richtet Farocki sein Augenmerk auf die intensive Interaktion zwischen Menschen und Dingen und ist Zeuge der Übertragung, die eintreten kann, wenn Fleisch gegen Stein gepresst wird. Die vielfältigen Formen, die er zeigt, sind einzigartig in ihren maßgeblichen Charakteristiken: schonungslos realistische minimale Strukturen; abgenutzte Symbole; bildliche Darstellungen; funktionale Objekte; Monumente, die sich aus einem Mythos heraus entwickeln. Jede Berührung von Stein, jeder konzentrierte Blick oder jeder Akt eines Spiels lassen auf den Wunsch schließen, etwas vom Wesen des Objektes zu besitzen, es vielleicht zu verkörpern, einen Teil davon in sich selbst zu beinhalten. Es sind Behälter, Aufbewahrungsorte, die unsere kollektiven oder eigenwilligen Geschichten verwahren, die aber auch ihre Bedeutung speichern und an künftige Generationen weitergeben. Auf diese Weise befreien sie uns von der Verantwortung und der Last des ständigen Sicherinnerns.

Der Film, der unaufhörlich in Bewegung ist und ständig Dinge offenlegt, ist ohne jegliche Feierlichkeit oder Förmlichkeit entstanden, und so nehmen wir als Betrachter eine vertraute Nähe zum Objekt und seinen Subjekten ein. Die Bittsteller, die um Plätze drängeln oder übereinander hinweg recken, scheinen Farocki und seine Kamera überhaupt nicht wahrzunehmen, so sehr sind sie auf ihren

Austausch konzentriert. Gegen Ende des Films erleben wir von einer Umgehungsstraße aus mit Blick auf ein Monument, wo hektisches Treiben herrscht, einen der ergreifendsten Momente des Films. Stück für Stück und mit einer unerwarteten Synchronität kommt der Verkehrsfluss zum Stillstand und die Fahrer steigen aus ihren Wagen. Auf der normalerweise zum Bersten vollen Fernstraße bewegt sich nichts, doch es bewegt sich etwas für die Fahrer, die ihre Augen abschirmen, als sie im Einklang nach vorne blicken. Dieses jährlich stattfindende zweiminütige Gedenken an jene, die im Holocaust ihr Leben gelassen haben, lässt ein zweiminütiges Denkmal der Menschlichkeit entstehen, das kollektives Handeln vermittelt. Es ist die einzige Studie in Farockis Film, bei der kein konkretes Objekt im Zentrum steht, die aber dennoch das Potenzial haben könnte, all die anderen Objekte und Monumente zu überdauern. In der Tradition mündlich überlieferter Geschichten und ererbter Weisheit stehend wird die Handlung zum Mythos und der Mythos zum Ritual, das über die materiellen Hinterlassenschaften des Menschen hinaus Bestand haben wird.

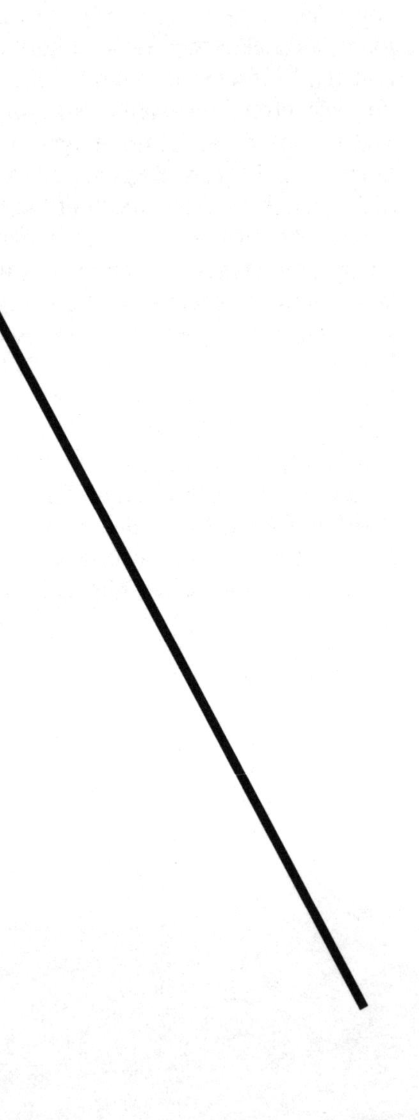

Peter Galison & Robb Moss

Landscapes of Stopped Time, 2015
Filminstallation
GrazMuseum
Auftragswerk steirischer herbst 2015
(Filmstill nächste Seite)

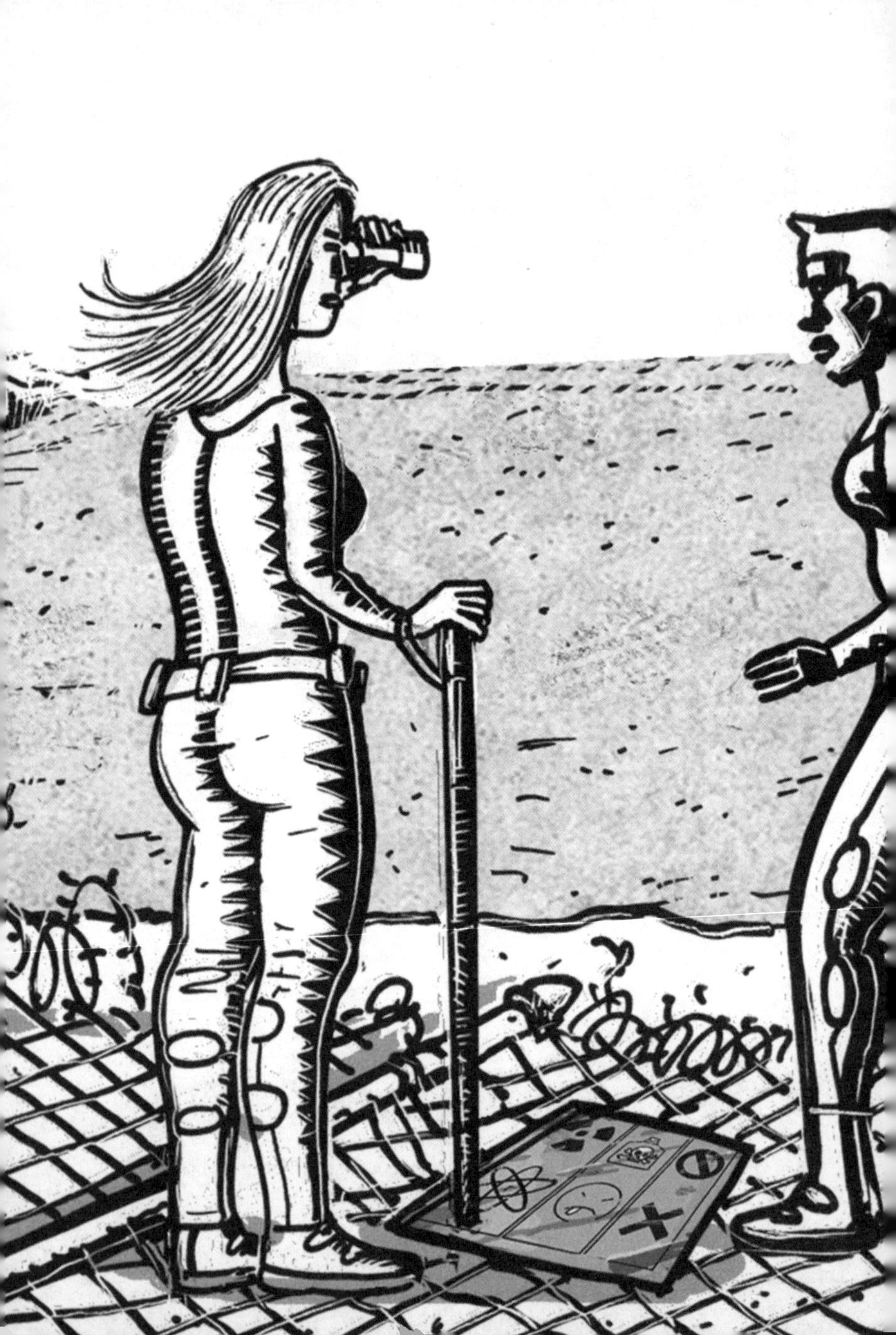

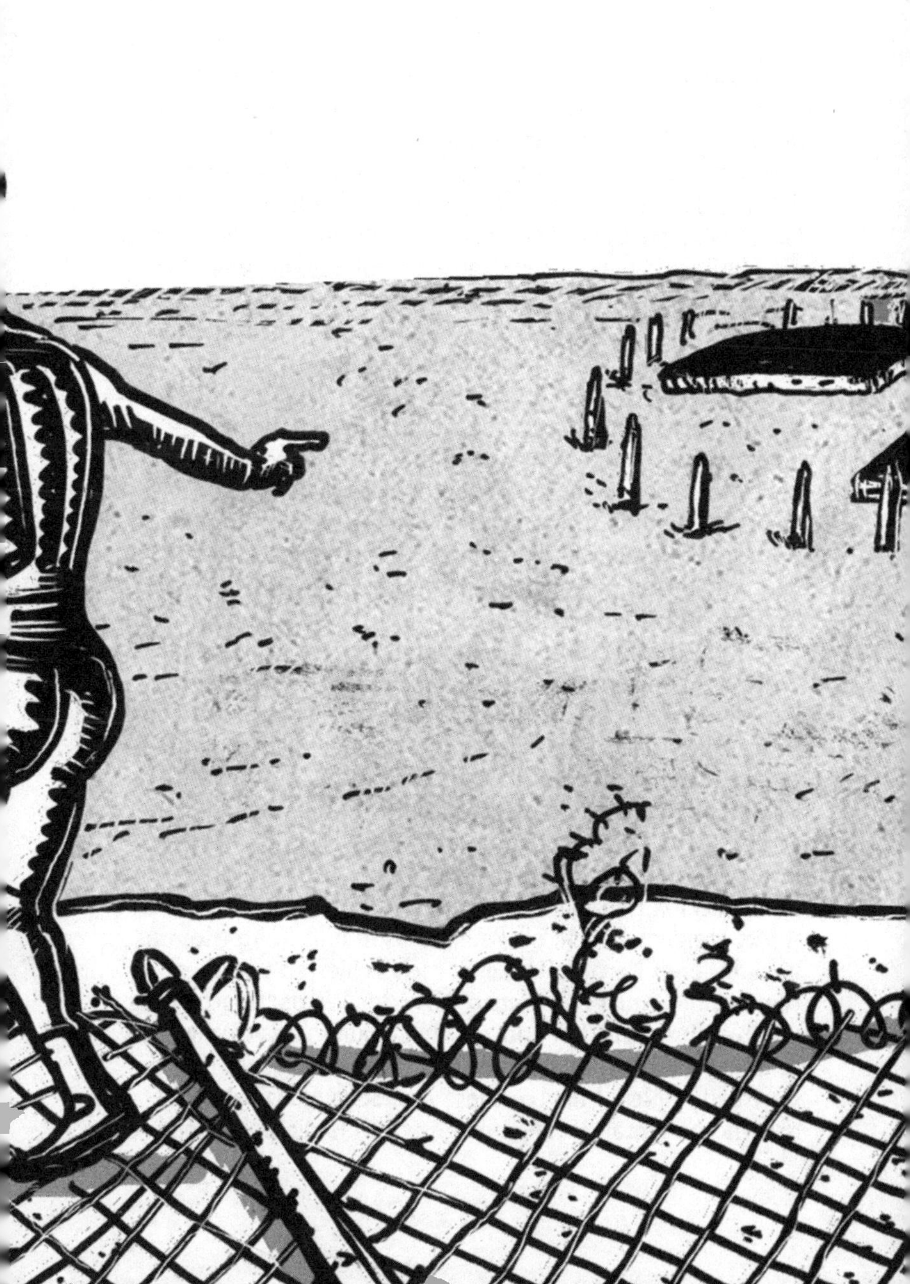

Die alten Tsunamisteine in Japan erinnern eindrucksvoll
daran, wie fundamentale Botschaften der Menschheit mit
der Zeit und mit der Entwicklung der Sprache in Vergessenheit geraten. Infolge des verheerenden Erdbebens
2011 in Japan traf eine enorme Flutwelle mit entsetzlicher
Geschwindigkeit und Macht auf die Küsten und stieg über
die Flutlinien hinaus. Viele Tausend Menschen kamen bei
dieser Katastrophe ums Leben, und noch viel mehr wurden
aus ihrer Heimat vertrieben. Auf den japanischen Inseln
wurden von den Ahnen Tsunamisteine aufgestellt, die
nachfolgende Generationen davor warnen sollten, unterhalb
des Niveaus dieser Markierungen zu bauen. In einigen
Gebieten des Landes beherzigte man diese Warnung, da
der Sinn dieser heute weitgehend unleserlichen Wegsteine
Generationen hindurch von den Älteren an die Jüngeren
weitergegeben wurde. In anderen Gebieten war ihre Bedeutung in Vergessenheit geraten, waren die Steine in der
freien Natur überwuchert oder gänzlich verschwunden.
Die zweite Katastrophe, die Japan nach dem Erdbeben
2011 traf, war dessen Auswirkung auf die Kühltürme des
Atomkraftwerks in Fukushima. Ohne das Frischwasser zum
Kühlen der Reaktoren setzte in der Anlage die Kernschmelze ein, wobei radioaktives Material in die Atmosphäre und
in die Umgebung freigesetzt wurde, was noch unabsehbare
Folgen für die Gemeinden und die Umwelt in der Region,
im Land sowie auf der ganzen Welt hat. Die Kernschmelze
in Fukushima und die sofortige Evakuierung des Atomkraftwerks ereigneten sich, als Peter Galison und Robb Moss zu
zwei anderen Kernkraftanlagen recherchierten und diese
filmten: die Anlage Savannah River zur Wiederaufarbeitung
von Kernbrennstoffen und zur Herstellung von Atomwaffen
in South Carolina (USA) sowie das Atommülllager in
Carlsbad in New Mexico. Diese drei Schauplätze sind auf
drei monumentalen Tafeln dargestellt, die die Leinwände

für ihre **Videoinstallation** für *Hall of Half-Life* **bilden**.

Landscapes of Stopped Time konfrontiert uns mit der scheinheiligen Beziehung der Menschheit zur Zeit. Die Arbeit kartographiert diese drei Stätten: die erste der Schauplatz eines radioaktiven Desasters; die zweite eine Zone radioaktiver Dekontamination; die dritte eine Anlage zur Langzeitlagerung mit der Bezeichnung Waste Isolation Pilot Plant (WIPP). Hinsichtlich des radioaktiven Abfalls, der als Resultat der Atomwaffenproduktion und später in enormen Mengen durch Kernkraftwerke entstand, existierte niemals eine nachhaltige Strategie für eine für Bevölkerung und Umwelt ungefährliche Lagerung. Zeit, sich mit diesem Problem in einer ganz neuen Dimension zu beschäftigen. »Die Halbwertszeit von Plutonium beträgt 24.000 Jahre. Wir betrachten etwas nach zehn Halbwertszeiten, das heißt nach 240.000 Jahren, als vernachlässigbar«, sagt Allison Macfarlane, die Vorsitzende der US-amerikanischen Atomaufsichtsbehörde (US Nuclear Regulatory Commission) 2012–14, in Galison & Moss' *Containment* von 2015. Die WIPP in Carlsbad, New Mexico, war als Standort für Amerikas Atommüll ausgewählt worden in der Hoffnung, dass die natürlichen Vorkommen großer Salzlager dabei helfen würden, den Abfall von Wasser und Erosion zu isolieren.

Folgende Fragen kamen auf: Wenn man sich die Sicherheit unseres Planeten in ferner Zukunft vorstellt, welche Art von Warnsystemen und Markierungen bräuchte man, um über die Gefahr zu informieren, die unter der Erde lauert? Welche Art von Material könnte möglicherweise die Tiefe der Zeit überdauern? Wie kann die Erinnerung in jeder Generation bewahrt werden? Wie kann man die künftigen Bewohner unseres Planeten vor einer verhängnisvollen Erkundungsgrabung beschützen, die das Leben in ihrer Umwelt beenden würde? Diese Fragen betreffen auch das Wesen der zeitgenössischen Kunst – wie teilen sich Objekte, Gesten, Monumente und Ideen mit? Und wie können wir auf etwas agieren, das wir uns kaum vorstellen können?

(Peter Galisons Text *Die Halbwertszeit der Geschichte* in dieser Publikation schildert detailliert die historischen und konzeptionellen Auswirkungen dieser Untersuchung.)

Mikhail Karikis

Children of Unquiet (2013 – 15)
Klanginstallation
Schloßberg (bis 18. Oktober) und
GrazMuseum
Auftragswerk steirischer herbst 2015
(Detail Schloßberg nächste Seite)

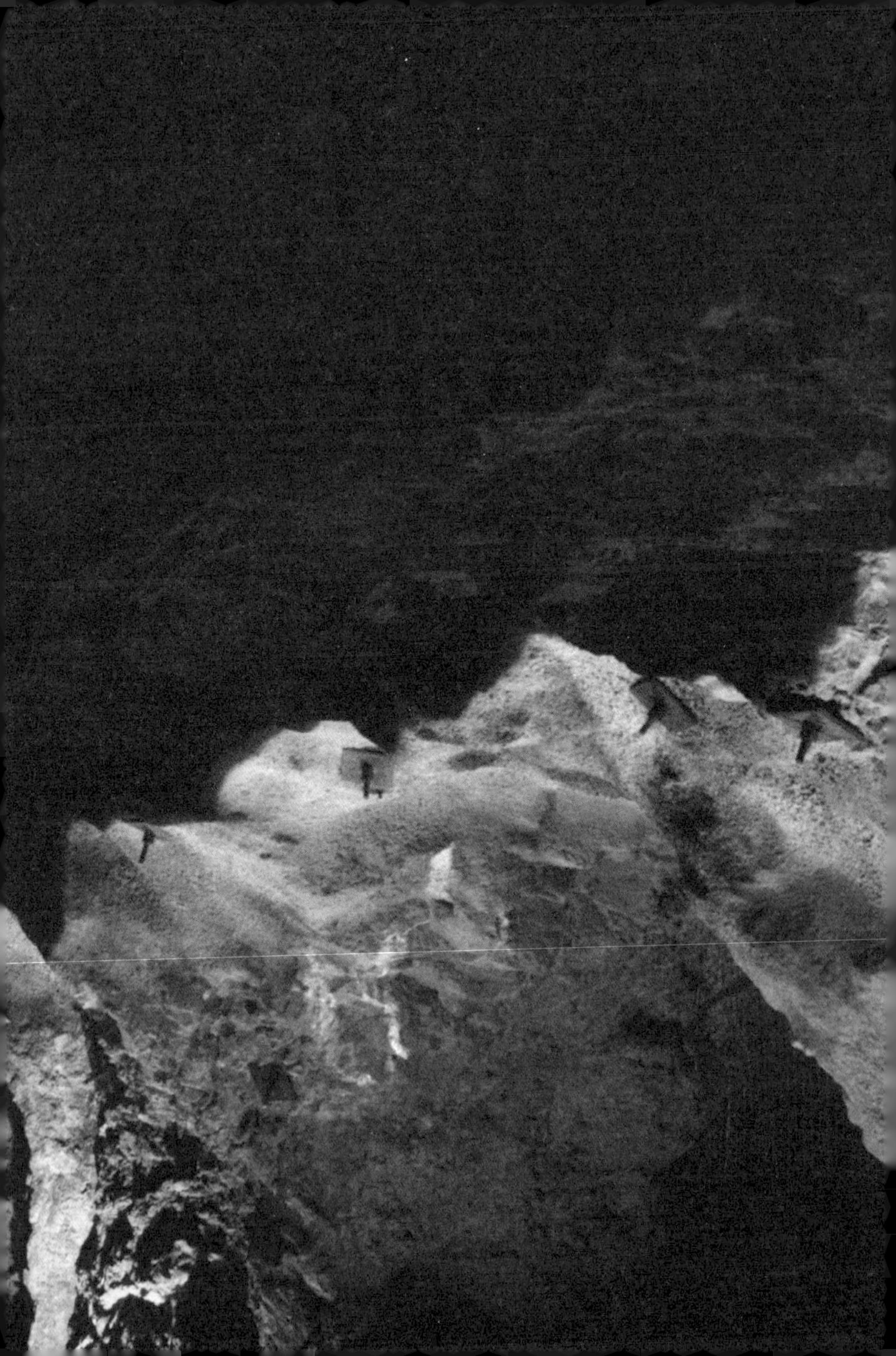

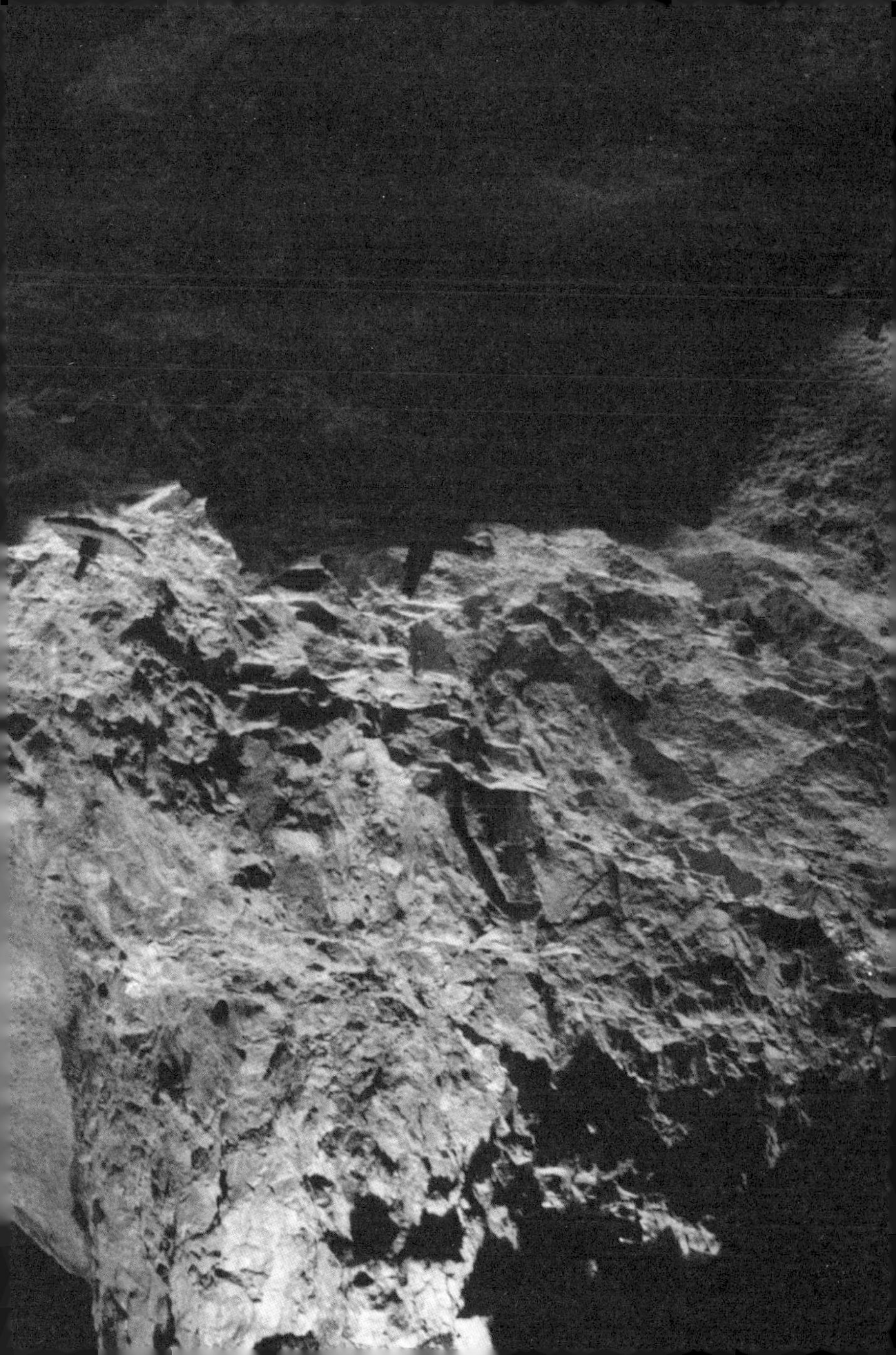

Das Geothermalgebiet des Teufelstals in der Toskana
ist ein einzigartiger Naturraum, wo Energie aus dem
freigesetzten Dampf heißen Granitgesteins gewonnen
wird, das ungewöhnlich dicht unter der Erdoberfläche
liegt. Die Öffnungen, aus denen Dampf dringt, und die
geothermischen Quellen dieser jahrhundertealten Stätte
vulkanischer Aktivität sollen einige der eindrucksvollsten
»Visionen« in Dante Alighieris *Inferno* inspiriert haben.
Mikhail Karikis hat sich viele Jahre lang mit diesem
Naturraum beschäftigt und dabei das facettenreiche
Projekt *Children of Unquiet* entwickelt. Die Entvölkerung
der Dörfer im Teufelstal als Folge der Automatisierung
der Energiewirtschaft stand im Zentrum von Karikis'
Untersuchung und Denken. Von Rohren durchzogen
und voll zischender Geräusche ist der Ort selbst ein
unglaublich aufwühlender Platz, der eine Vorstellung
von der akustischen Landschaft unter der Erdoberfläche
vermittelt. Die Geräusche von Druck, Reißen und
Pfeifen fangen die ungeheure Energie ein, die tief in den
Eingeweiden der Erde brodelt. Es ist eine Energie von
erheblicher Kraft.
Mit ihrem konstanten Drang an die Oberfläche beläuft
sich die geothermische Energie in dieser Region allein
auf 10 % der weltweiten Energieversorgung. Doch ihr
wohnt auch eine katastrophale Intensität inne –
der nahegelegene große See Lago Vecchienna befindet sich
in einem riesigen Krater, der durch eine Vulkaneruption
im 12. Jahrhundert entstanden ist. Mikhail Karikis, der für
seine Videoinstallationen, Fotografie und Objekte bekannt
ist, hat auch eine Weile im Tonbereich gearbeitet. Seine
ausnehmend komplexen und detaillierten Aufnahmen der
unterirdischen Aktivität im Teufelstal sind zu einer neuen
Klanginstallation für die Stollen im Schloßberg in
Graz verarbeitet worden, während sie gleichzeitig auch

in das widerhallende Treppenhaus des GrazMuseums
übertragen werden.

Diese Tunnel und Stollen, die während des Zweiten
Weltkriegs als Schutz vor Bombenangriffen angelegt
wurden, dienen den Menschen in Graz heute unter
anderem als Durchgangsroute durch den Schloßberg.
In den Stollen, die den in den Stein gehauenen Durchgang
flankieren, hat Karikis eine neue Klanginstallation
geschaffen. Die kleinteiligen Oberflächen in dem
Stollen erzeugen einen gedämpften Hall, so dass der
Ton flüstern, seine Form halten kann, nicht verfälscht
wird durch zu große Echowellen. Der Uhr- und der
Glockenturm auf dem Schloßberg (den die Bewohner
von Graz vor der Zerstörung durch die napoleonischen
Truppen bewahrten, indem sie für seinen Schutz ein
Lösegeld bezahlten) stammen aus dem 16. Jahrhundert
und sind die Wahrzeichen der Stadt. Im Eingangsbereich
zu den Stollen befindet sich eine Inschrift mit der
Legende, die von der Entstehung des Schloßbergs als
eigenständigem mythologischem Monument berichtet.
In einer einfühlsamen Geschichte mit einem plötzlichen,
unerwarteten Ende wird eine Figur unvermittelt als
Teufel enttarnt, der sich seinen Weg zur Hölle durch
den Schloßberg bahnt. Mit *Children of Unquiet* werden
die Geräusche aus diesem Zielpunkt des Teufels und aus
Dantes *Inferno* in die Stollen geholt. Es wird hier an beide
Geschichten erinnert, doch mehr noch an die gefährlichen,
heimtückischen, unkontrollierbaren und großartigen
Geräusche der sich verändernden Mineralmassen und
Dämpfe tief unter der Erdoberfläche.

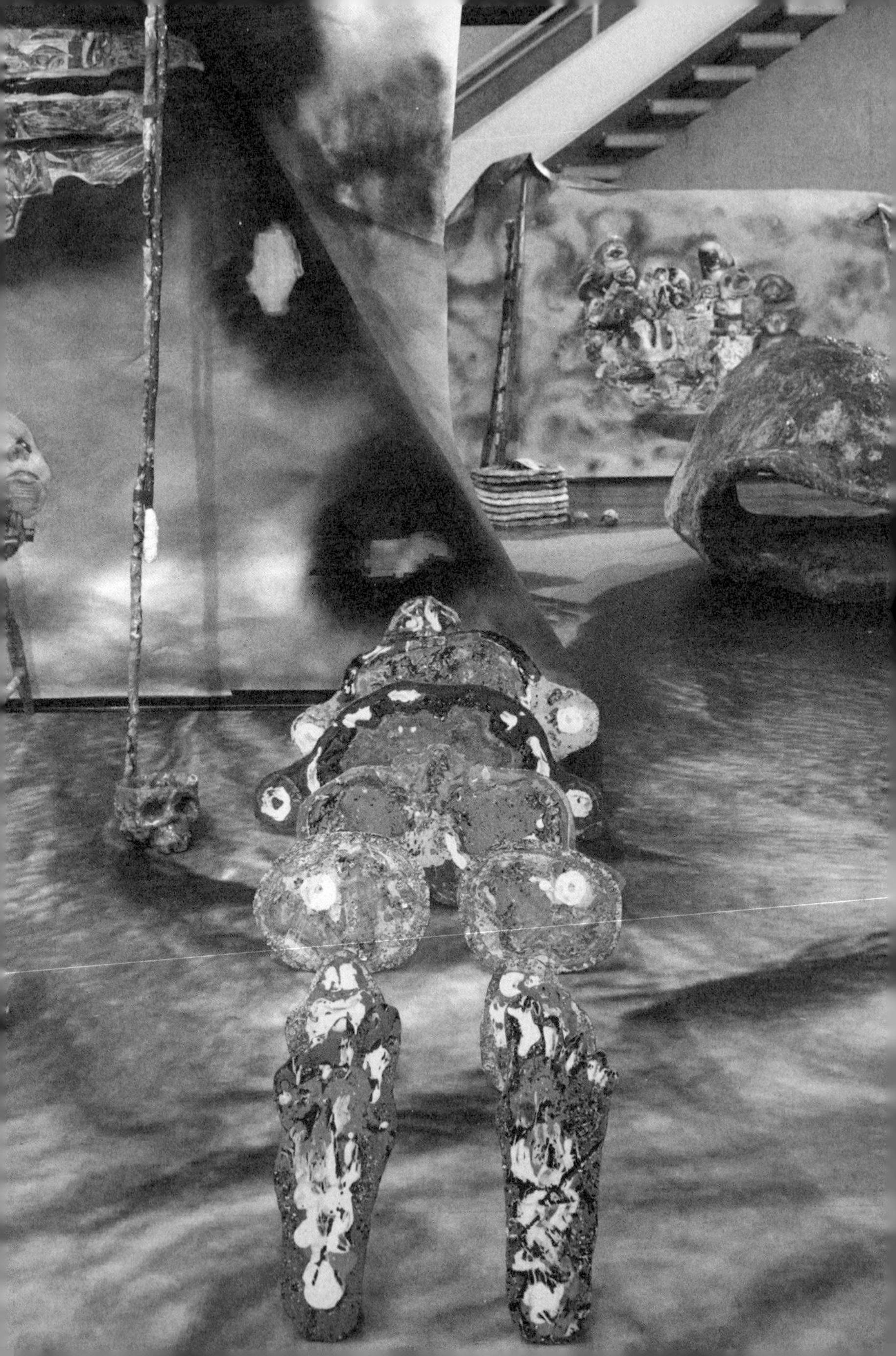

Sam Keogh

Four fold, 2015
Mixed media Installation
Produziert von steirischer herbst 2015
und unterstützt von Culture Ireland
(Detail Ausstellungsansicht links)

Man vermutet, dass der Old-Croghan-Mann, dressen Bild den Mittelpunkt von Sam Keoghs Installation *Four fold* bildet, über glaubt man, dass er mehr als 2.000 Jahre alt ist. Er ist eine der Moorleichen, die in den nordeuropäischen Ländern gefunden wurden, insbesondere in Dänemark, Deutschland, den Niederlanden, in Großbritannien und in Irland. Die ältesten entdeckten Moorleichen sollen 10.000 Jahre alt sein, sie wurden im Torfmoor gefunden und ihre Körper durch den stark säurehaltigen Schlamm konserviert, so dass beachtliche Details von der Haut und den Organen erhalten sind. Sozusagen als Musterbeispiel sind Figuren wie der Old-Croghan-Mann zwangsverpflichtet, Hinweise auf die kulturelle und gesellschaftliche Entwicklung zu liefern: Ihre Ernährung wird anhand ihres Mageninhalts analysiert, ihre Arbeitsbedingungen vom Zustand ihrer Nägel abgeleitet.

Der Old Croghan Man befindet sich im National Museum of Ireland, doch Sam Keoghs Verstörtheit im Zusammenhang mit dem Ausstellen von Leichen nahm seinen Ausgang bei einem Besuch des British Museums mit seiner Mutter. In der frenetischen, unzusammenhängenden Bewusstseinsstrom- performance, die die Ausstellung »eröffnet«, berichtet er uns, wie er den extremen Grad an Repräsentation erlebte, die der Gebelein Man im British Museum erforderte – eine ägyptische Mumie, die durch Austrocknung im Wüstensand von Ägypten konserviert wurde. Katalogisiert bis ins unsägliche, lieferte eine CT-Schichtaufnahme der Mumie Bilddaten für eine sehr detaillierte digitale Rekonstruktion. Diese wurde direkt über dem Original auf eine große Leinwand projiziert und das Publikum war eingeladen, immer tiefer in diese menschlichen Überreste einzudringen, mit Hilfe von Querschnitten des Körpers, „die eine Verbindung zum Bild des Leichnams bieten, die den Besuchern erlaubt, den Körper um zwei

Achsen zu drehen und in seine Oberfläche zu schneiden.
Schnittbilder werden sichtbar. Schichten von Haut, Muskeln
und Sehnen werden bis auf den Knochen abgetragen und
noch weiter am Knochen vorbei bis ins Schwarze darunter
(*Four fold*)."

Die im Rahmen der Ausstellung gezeigten Skulpturen werden erst bei dieser Performance »aufgebaut« oder
enthüllt. Sie beziehen sich sowohl auf allgemeine Präsen-
tationsprinzipien als auch auf die spezifischen Erfahrung
mit Moorleichen und Sandmumien. Von den Skulpturen,
die aus stark verdichtetem Jesmonite und anderen Substanzen geschaffen wurden, ähneln einige Querschnitten,
während andere als Requisiten fungieren. Keoghs Arbeit
liegt zu Grunde, was er als ein Problem betrachtet – dass
die Darstellung eines Gegenstandes wirkungsvoller sein
kann als der Gegenstand selbst. Zur Untersuchung dieses
Phänomens nimmt er uns mit auf eine Reise durch ein
Wirrwarr an Erinnerungen und Mindmaps: Bilder, die an
Hautlappen der Moorleiche geklebt sind, unter die er blickt
– sowohl metaphorisch als auch wörtlich. Indem er über
die Fläche des Bildes eilt, genau das macht, was – wie er
sich erinnert – seine Mutter als unsensibel gegenüber dem
Toten empfand, filmt er seine Performance von seinem
eigenen Körper aus. Die auf seinem Brustkorb festgeschnall-
te Kamera fängt das ein, was er sieht, und versetzt uns
Betrachter (nach dem Ereignis) an den Platz des Küns-
tlers – ein verkörpertes Auge, das sieht, was er gesehen
hat, sich an dem scheuert, woran sich er gescheuert hat,
und enthüllt den Beobachter als Beobachter. Er zerschnei-
det und verbindet seine eigenen Erinnerungen, kürzt sie
und verändert die Spuren. Waren diese Leichname erst
einmal entdeckt, hat man sie konserviert, um sie im Museum auszustellen (und viele gingen bei diesem Konser-
vierungsverfahren auch verloren). Sind sie dann erst einmal

ausgestellt, werden sie zur Interpretation und zur Darstellung des Gegenstandes wieder »konserviert«. Sam Keogh
filtert sie einmal mehr. Es scheint, dass Konservierung
und Vermittlung hier darin bestehen, zu verweilen, immer
tiefer, immer stärker einzudringen, sich immer mehr einzu-
mischen, immer stärker hineingezogen zu werden.

Jean-Luc Moulène

Laura Bush, **Paris, 2014**
Polierter Beton
(Bild nächste Seite links)

George Walker Bush, **Paris, 2014**
Polierter Beton

George Herbert Walker Bush,
Paris, 2014
Polierter Beton
Alle GrazMuseum

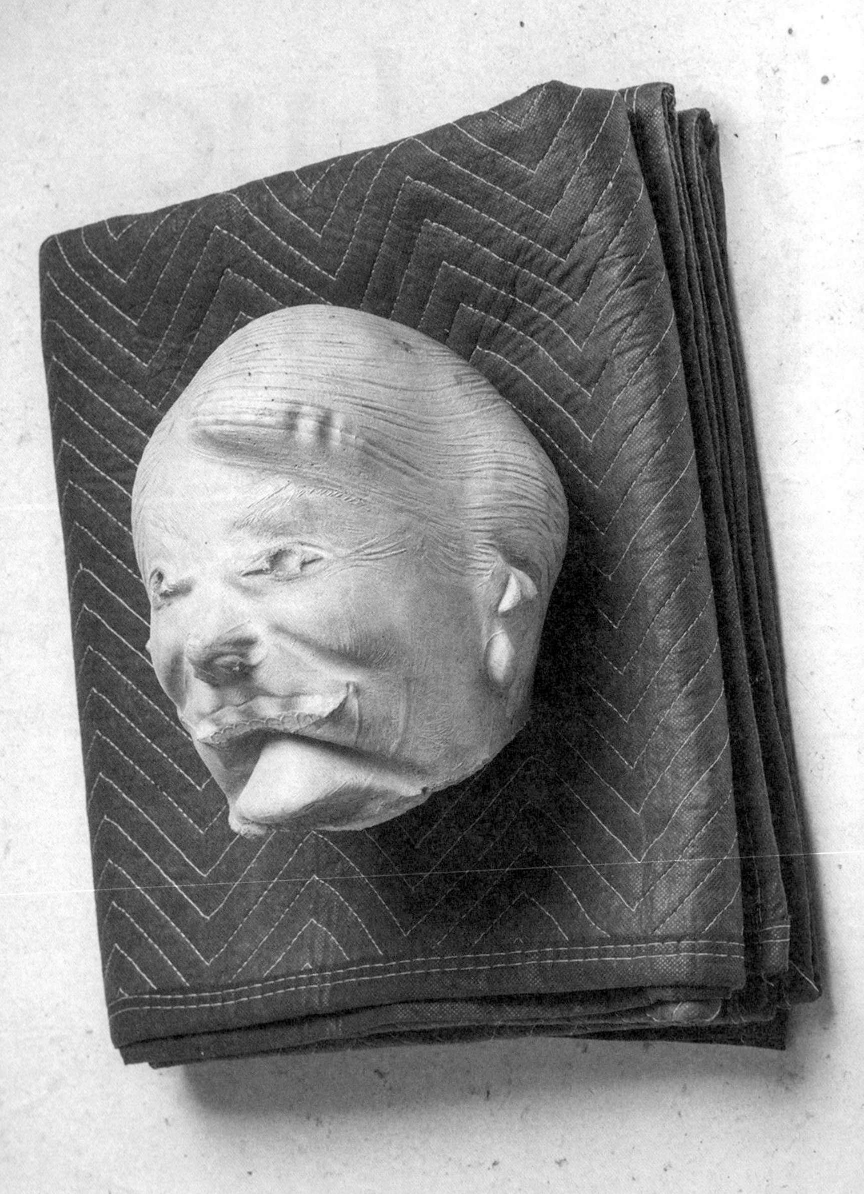

Jean-Luc Moulènes Arbeiten bedienen sich geschickt einer
schier endlosen Bandbreite von Formen und Materialien,
von Fotografie über Glas, Ton bis hin - wie im Fall dieser
Folge von Masken - zu Beton. Die drei Skulpturen liegen in
der Ausstellung *Hall of Half-Life* auf blauen, zusammengefal-
teten Tüchern. Es sind Tücher, wie sie eine Umzugsfirma
zum Einwickeln von Sachen verwenden würde, um sie vor
Schäden zu schützen. Die Formen haben von Anbeginn an
eine seltsame Legitimität: Sie werden ausgestellt, als wären
sie vorläufig; sie sind geschützt, jedoch nicht in dem Maß,
wie es ein Kunstwerk normalerweise wäre; und sie werden
uns präsentiert, jedoch nur auf dem Boden. Die Skulpturen, die zu einer großen Werkfolge gehören, sind Abdrücke nach Formen der Populärkultur: Sie sind durch den
materiellen Prozess ihrer Schöpfung verunstaltet, geschwol-
len, beschmutzt oder eingefallen. Jean-Luc Moulène hat
halloweenähnliche Masken auf der ganzen Welt gekauft.
Er hat ihre Öffnungen zugenäht, die Innenseite der Maske
nach außen gekehrt und sie dann mit einer Mischung
aus Beton und Sand gefüllt. Obwohl ein Gleichgewicht
zwischen der Elastizität der Maske und dem Gewicht des
Betons gefunden wurde, sehen die aus dem Prozess resultie-
renden Skulpturen aus, als stünden sie vor dem materiellen
und darstellerischen Abgrund.

In dieser kreisenden Spiralschleife von Subjekt,
Objekt und Darstellung gestalten sich diese Visagen immer wieder um (während sie mit der Unbarmherzigkeit
fleischfressender Dämonen zu uns hochgrinsen). Die
Maske dient dazu, sich als etwas anderes auszugeben, und
Moulène wählt hier die Gesichter von einigen der weltweit
bekanntesten Persönlichkeiten. Die Maske in eine Gussform
zu verwandeln bedeutet freilich, für immer ihren eigentli-
chen Verwendungszweck zu verleugnen. Doch die Maske
zunächst umzukehren und einen Abdruck von dem Objekt

anstatt einen Abguss von der Maske zu machen, bringt
unsere Interpretation von dieser durcheinander: Es ist keine
zuverlässige Version oder ein repräsentativer Gegenstand,
es ist ein völlig neues Objekt. Beton assoziiert man mit der
bebauten Umgebung, während der Zweck der Halloween-
maske in der Darstellung und Parodie besteht. Doch hier
lässt genau wie bei den widersprüchlichen Bildern einer
Kinomontage das Aufeinanderprallen zweier gegensätzli-
cher Materialien einen dritten Gegenstand entstehen –
das Unerwartete. Mihnea Mircan schreibt über Jean-Luc
Molène: »Kann man von einem Objekt behaupten, es habe
seinen eigenen Blickwinkel, der nicht zwingend identisch ist
mit dem seines Schöpfers – wie Antonin Artauds ›Hammer
ohne Meister‹? Kann ein Bild oder ein Objekt zwei verschiedenen zeitlichen Abfolgen angehören – und diese in
seinem ›Fleisch‹ vereinen –, indem es am Schnittpunkt von
Geschichten existiert, die es in unterschiedliche Richtungen
tragen?« Was sind das für Figuren jenseits ihrer materiellen
Strukturen?

Laura Bush, Paris, 2014, *George Walker Bush*, Paris,
2014 und *George Herbert Walker Bush*, Paris, 2014 beinhalten
die Erinnerung an ihre politische Dynastie. Im Kontext
dieser Ausstellung kommt einem flutartig die Bereitschaft
der Bush-Regierung ins Gedächtnis, den wissenschaftlichen
Beweis bezüglich des Klimawandels zu verleumden, genau
wie auch heute noch der Klimawandel von demokratisch
gewählten Vertretern des Volkes bestritten wird. Doch
so treffend es auch wäre, diese Skulpturen als Zugang zu
diesen politischen Belangen zu nutzen, wir werden es nicht
tun. Die Klumpen, die auf Umzugstüchern am Boden
liegen, sind nicht länger Bush, Bush und Bush. Sie sind
Betonskulpturen einiger gräulicher, enthaupteter Figuren
aus der Vergangenheit, deren Gesichter aus irgendeinem
Grund in ein langlebiges Material eingeprägt wurden, die

mit der Zeit erstarrt sind, zum Schweigen gebracht und zur sicheren Aufbewahrung eingewickelt wurden. (Beton kann unter Umständen seine Beständigkeit mehrere tausend Jahre lang behalten). Die Enthauptung ist schließlich in diesem neuen Jahrhundert wieder zum beherrschenden Bild des Schreckens geworden.

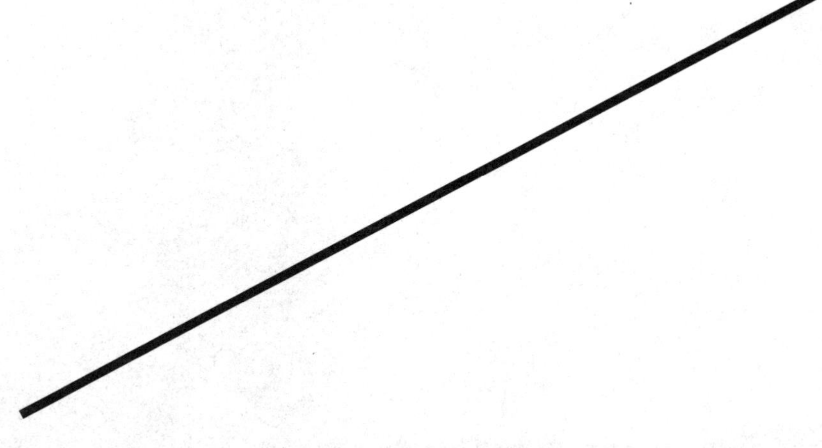

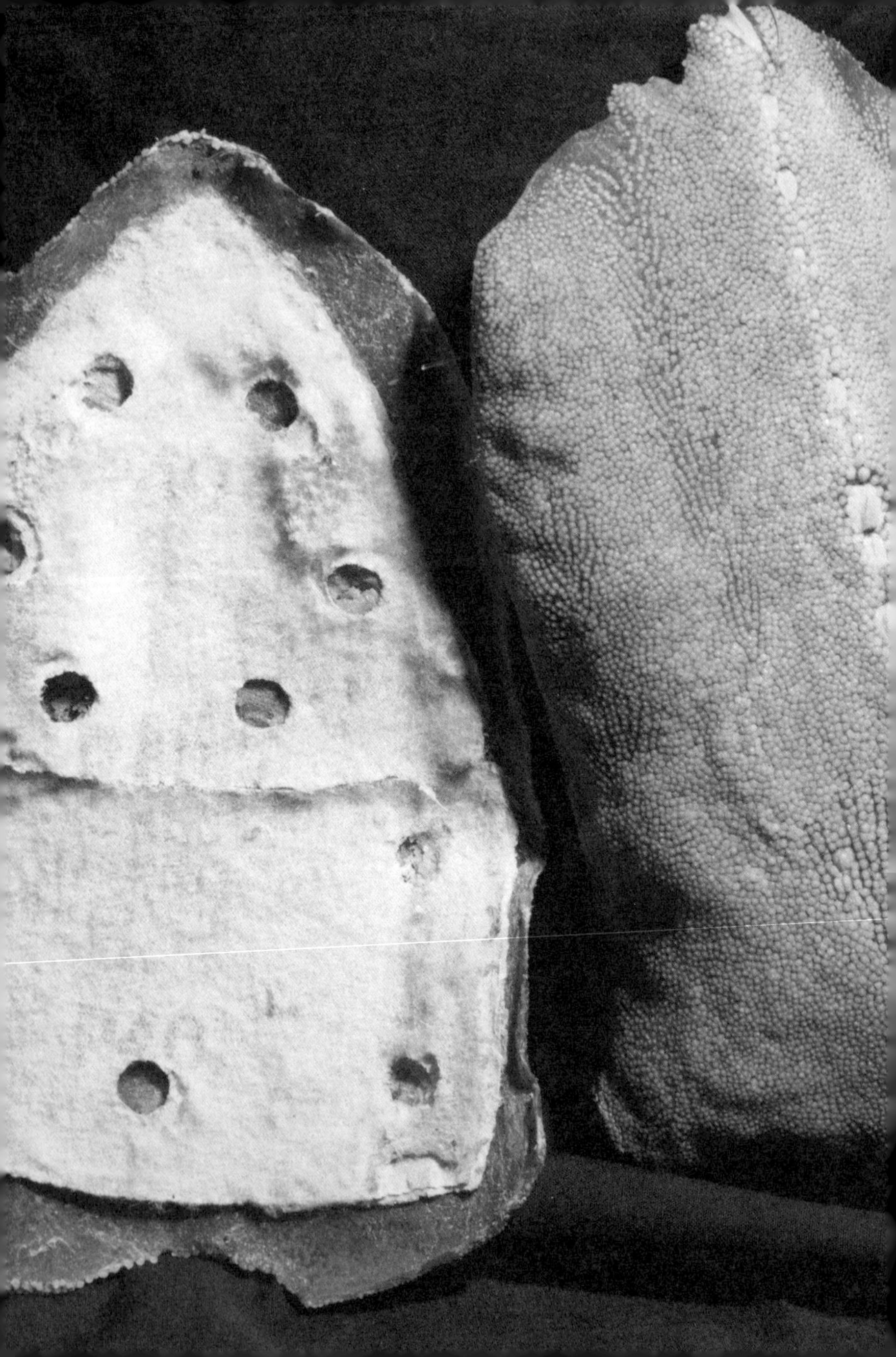

Lonnie van Brummelen & Siebren de Haan

The Social Lives of a Tree, 2015
Installation, Replik einer Holzbank
und Video
GrazMuseum
Auftragswerk steirischer herbst 2015
und unterstützt von Mondriaan Fund
und Kibii Foundation, Surinam
(Bild links)

Lonnie van Brummelen & Siebren de Haan schrieben im
Juni 2015 aus Surinam:

»Wir sind jeden Tag Zeuge, wie mit riesigen Baumstämmen
beladene Lastwagen aus dem Regenwald in die Hauptstadt
fahren. Wir leben seit einigen Monaten in der Republik
Surinam, einem kleinen Land an der Nordostküste Süd-
amerikas. Jahrhundertelang war dieses Land eine Plantagen-
kolonie der Niederlande. Die Wirtschaft Surinams basiert
auf dem Abbau von Ressourcen: Gold, Bauxit, Holz. Wenn
wir in der westlichen Gesellschaft über Material sprechen,
beziehen wir uns häufig auf veredelte und reine Substanzen:
Eisen, Kupfer, Holz – die bereit für unsere Verwendung
sind. Wir neigen dazu zu vergessen, dass dies ein mo-
dernes Verständnis von Materie ist. In der realen Welt da
draußen ist Material niemals rein oder getrennt. Es ist Teil
einer Mischung, einer größeren Ökologie, eines komplexen
lebenden Organismus.

In den letzten Jahren haben einige lateinamerika-
nische Länder neue politische Verfassungen verabschiedet,
in denen Pachamama (Mutter Erde) als eine nichtmenschli-
che Person mit eigenen Rechten anerkannt wurde. Diese
Verfassungen, die Entitäten wie Felsenformationen, der
Vegetation und Gewässern Grundrechte verleihen, basieren
auf den allgemeinen Auffassungen einheimischer Völker aus
dem Amazonas-Regenwald. Wenn diese Waldbewohner von
›Gemeinschaft‹ sprechen, beziehen sie sich sowohl auf die
menschlichen als auch auf die nichtmenschlichen Kompo-
nenten.

Was würde geschehen, wenn ein nichtmenschlicher
Bürger aus der Regenwald-Gemeinschaft in eine Museumsbank verwandelt würde, eine Sitzgelegenheit zur Beratung,
geschaffen für einen Bereich, wo Objekte als streitbare
Entitäten betrachtet werden, die locken, vertreiben, eine

Rolle spielen, eine Haltung einnehmen und sich entwickelnde Konstellationen prägen? Könnte solch eine Übertragung von einer gesellschaftlichen Sphäre in eine andere eine Alternative für die Logik des Ressourcenabbaus sein? Das ist das Experiment, das wir vorschlagen.«

Bei Leonie van Brummelen & Siebren de Haan ein neues Werk in Auftrag zu geben ist ein wenig so wie nur mit einem Kompass in See zu stechen. Die Künstler legen ihr Ziel nicht im Voraus fest und ihre Wegstrecke ist dem Zufall überlassen. Die Koordinaten ihres Denkens sind klar und bekannt, einfach artikuliert und zielen auf einen Prozess von Begegnungen und Austausch ab, was zu dem führt, was schließlich im künstlerischen Werk enthalten sein wird. *The Social Lives of a Tree* verdient solch eine Einführung – die Arbeit hat, als dieser Text geschrieben wurde, bereits viele Änderungen und Entwicklungen erfahren.

Die Wirtschaftspolitik rund um die Materialressourcen sowie ausgedehnte Analysen ihrer Auswirkung auf Gemeinden, Kulturgeschichten und den Begriff des Kunstobjektes sind ein Forschungsgebiet der Künstler – vom internationalen Zuckerhandel und den entsprechenden Zöllen in *Monument of Sugar* und Kulturkolonialismus in *Monument to Another Man's Fatherland* bis hin zur Fischereiwirtschaft in ihrem jüngsten Film *Episode of the Sea*. Für *The Social Lives of a Tree* sind die Künstler in die komplexe Kultur, Wissensgrundlage und Wirtschaftspolitik des Regenwaldes eingedrungen und haben sich dafür direkt und physisch damit beschäftigt.

Van Brummelen & de Haan haben das letzte Jahr in einem ehemaligen Bergbaugebiet in Ostsurinam in der Nähe des Amazonas-Regenwaldes verbracht. Mit dem Ziel, eine Museumsbank aus einem Baum des Regenwaldes für den steirischen herbst herzustellen, sind die Künstler aufgebrochen, um einen einheimischen Holzarbeiter zu finden. Doch wie in den meisten Ressourcenökonomien werden die

Rohstoffe in Surinam hauptsächlich abgebaut, um anderswo
verarbeitet zu. Es stellte sich heraus, dass es in Moengo,
mit 10.000 Einwohnern die bevölkerungsreichste Stadt in
dem Gebiet, nur zwei Holzarbeiter gab, die beide zu beschäftigt waren, um den Künstlern bei der Herstellung einer
Bank zu helfen. Diese heuerten daraufhin Einheimische aus
dem Volksstamm der Arawak an, die entsprechend ihrer
Bitte ihr traditionelles Wissen anwandten und eine Bank
in Form einer Schildkröte anfertigten. In Absprache mit
ihren Arawak-Mitarbeitern schenkten die Künstler die Bank
einem einheimischen Kunstmuseum in Surinam zusammen
mit dem Film, der ihre Erlebnisse und Missgeschicke im
Regenwald zeigt. Besucher der Ausstellung *Hall of Half-Life*
werden auf einer von den Künstlern angefertigten Replik
sitzen – Sie könnten sogar genau in diesem Augenblick
darauf sitzen –, was zu einer weiteren Wendung der Geschichte führt und einem Nachbau die Verantwortung
überträgt, Leben in diese Geschichte zu bringen.

Ulla von Branden- burg

Wolken lösen sich in Wasser
**Ortsspezifische Installation, mit von
Brandenburgs** *Sink down mountain, Rise
up valley*, **2015, Super 16mm Film,
s&w, Ton, 18 Min., und Kunstwerken
der in Hall of Half-Life beteiligten
Künstlerinnen und Künstler
Porubsky Halle, Leoben
(bis 17. Oktober)
Auftragswerk steirischer herbst 2015**

(Bild nächste Seite, Detail
Ausstellungsansicht, Ulla von
Brandenburg, *Street, Play, Way*, 2014,
19. Biennale of Sydney, Cockatoo
Island. Foto: Ben Symons

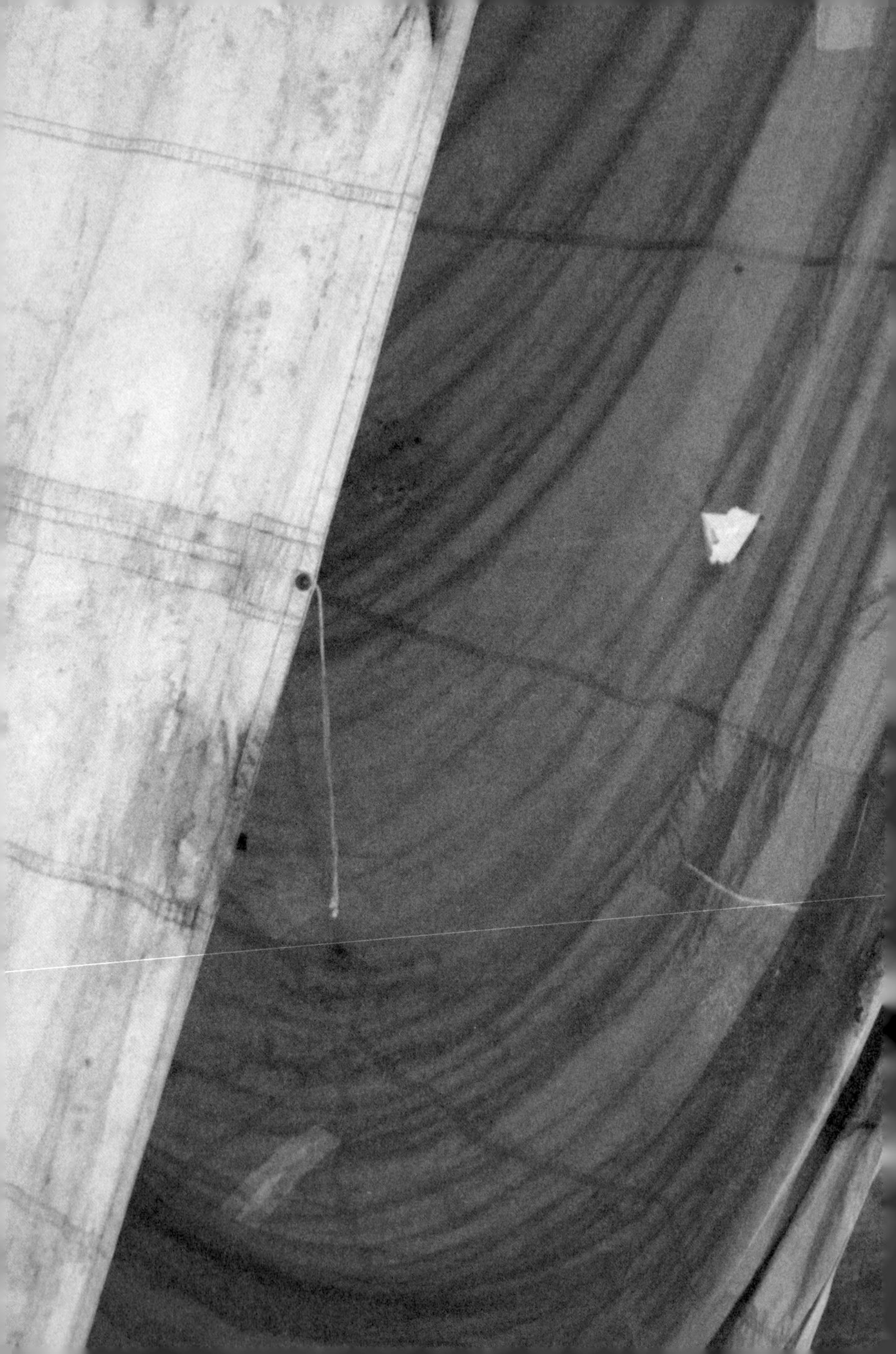

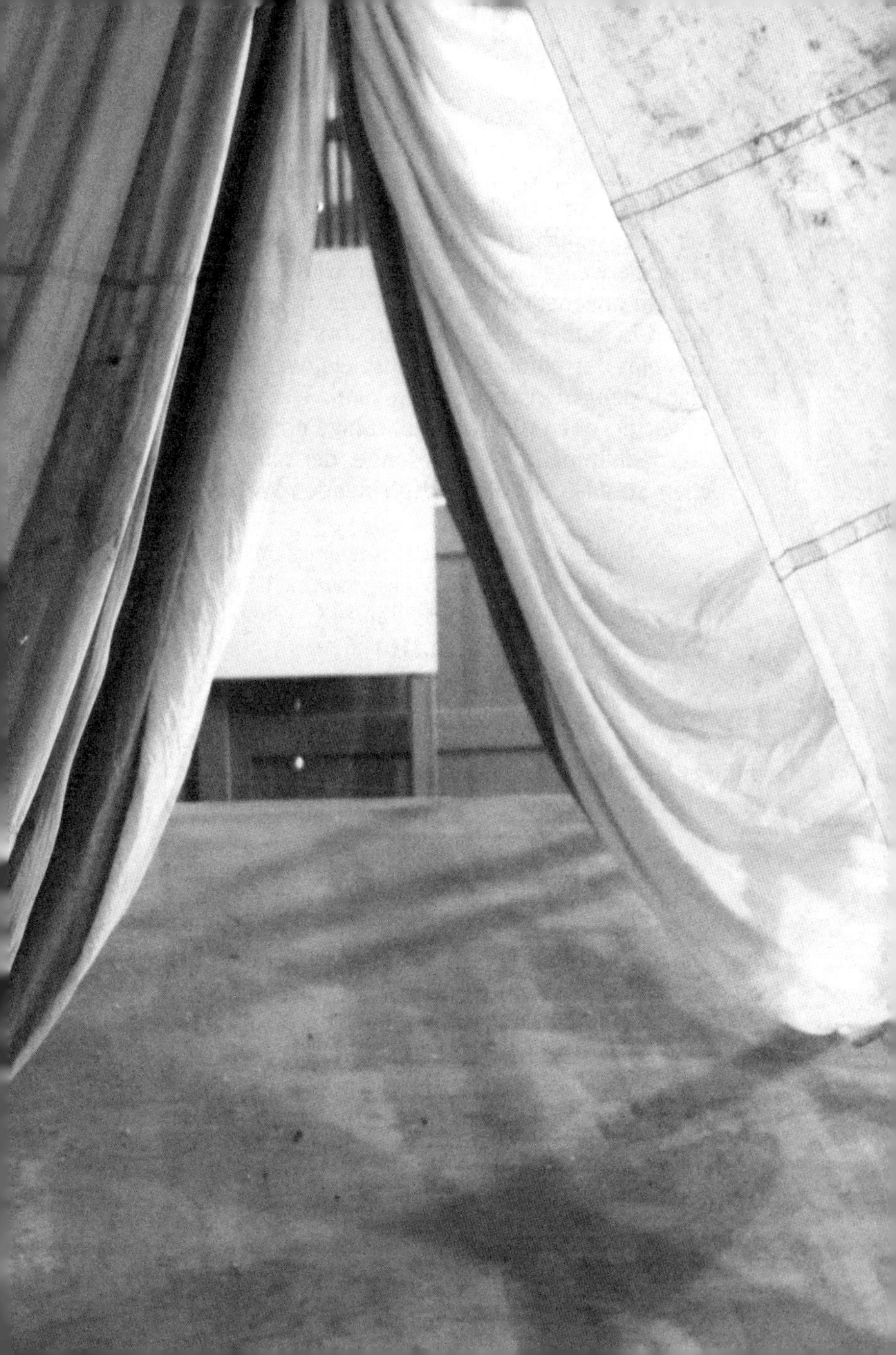

»Steigen wir, ehe diese Wolken sich in Wasser auflösen und der Wind sich entfesselt!« [...] Der Wind entfesselte sich in dieser entzündeten Atmosphäre mit einer wahrhaft erschreckenden Gewalt; er wirbelte die weißglühenden Wolken wild durcheinander wie ein ungeheurer Ventilator, der diesen ganzen Brand in immer neue Bewegung bringt. [...] Es war dies eins der schönsten Schauspiele, welche die Natur dem Menschen bieten kann. Tief unten das Gewitter, oben der stumme, ruhige unveränderliche Sternenhimmel mit dem Monde, der seine friedlichen Strahlen auf die wildstürmenden Wolken warf.

(Jules Verne, *Fünf Wochen im Ballon. Bekannte und unbekannte Welten. Abenteuerliche Reisen von Julius Verne*, Band IX, Wien/Pest/ Leipzig 1876, Kap. 16)

Clouds dissolve in water beinhaltet einige von Ulla von Brandenburgs ausdrucksstärksten Arbeiten, die in der Gemeinde Leoben zu einer großen Installation komponiert sind.

Wenn man in der Porubsky Halle ankommt, geht man zuerst durch großflächige Vorhangdraperien hindurch. Sie sind mit dicken Seilen zurückgebunden und hängen, als wären sie aus Stein, und bilden so einen geheimnisvollen Pfad aus. Als nächstes findet man sich von einer Reihe farbenfroher Wände und Räume umgeben. Durchschreitet man diese, dann sieht man das Bild eines Eisberges, die Fotografie einer Höhle, einen lettischen Film von Männern und Frauen in einem Theater, einen Querschnitt durch irgendeinen Körper, einen einem Holzklotz ähnlichen Abguss und viele andere kuriose Dinge mehr. Schließlich gelangt man in einen Raum, in den es hineingeregnet zu haben scheint, in dem die Farbe von den Wänden gewaschen wurde und sich unten am Boden gesammelt hat. Auf blauen Bänken sitzend begegnet man nichts anderem als Raum, Farbe und einer stillschweigenden Einladung.

Ulla von Brandenburgs *Clouds dissolve in water* besteht aus drei abgegrenzten Räumen: dem Theater, der Ausstellung und schließlich einem Raum, der einfach nur als Raum konzipiert ist. In diesem Raum, den zu bespielen das Festival und lokale Initiativen eingeladen sind, wird während des steirischen herbst eine Vielzahl von Events stattfinden, ein Poetry Slam, die herbst-Konferenz, Kleidertauschbörsen und andere Veranstaltungen. Obwohl er vollkommen abstrakt ist, erinnert er an barocke illusionistische Gemälde mit seiner bogenförmigen Wand und dem ausgedehnten Blau, so als ob ein Außenraum ins Innere verlagert worden wäre. Er könnte für Feiern, Gespräche, Theatervorstellungen, Vorträge und als Bühne genutzt werden. Es ist ein Meditationsraum, ein leerer Raum, ein Raum, in den man zu verweilen oder zum In-den-Himmel-Schauen eingeladen ist.

Beatrix Ruf hat die Arbeit von Ulla von Brandenburg als eine »verschachtelte Abfolge von Erlebnisräumen« bezeichnet. *Clouds dissolve in water* ist genau das: Die Künstlerin führt den Betrachter durch die verschiedenen Stadien ihrer Arbeit, wobei es in jedem Raum zu Begegnungen kommt und sich Schichten offenbaren, die ihr Anliegen verstärken und die allumfassende Erfahrung vertiefen. Genau wie John Dewey über das Erleben *einer* Erfahrung reflektiert, ist diese Arbeit als ein Gesamtwerk konzipiert. Doch es kann auch in seine Einzelkomponenten aufgeteilt werden. Diese verschieden artikulierten Räume, von denen jeder seine eigene ästhetische Schwelle besitzt, verweisen auf die inhärente kollektive Fantasie und soziale Handlungsweise, die diese

Kulturstätten verkörpern. Die Künstlerin versetzt uns in vertraute, jedoch gegensätzliche Umgebungen, die sich weigern, ihre archetypische Funktion zu erfüllen. Wir gehen durch das Theater, jedoch hinter den Kulissen. Anstelle des weißen, konventionellen, kubischen Ausstellungsraumes treffen wir auf eine Reihe von engen, dekorierten Gängen. Anstatt unsere Zweifel in dem abgedunkelten Raum eines Kinos vorübergehend zu vergessen, sind wir in Licht und Farbe eines anderen Raumes gebadet, der sich seiner anderen Möglichkeiten und der Fähigkeit bewusst ist, die eigenen Konventionen zu überschreiten. Es ist ein Werk, das jene unterschiedlichen Räume kultureller Begegnung durchkreuzt und die Eigenschaft des einen auf den anderen überträgt.

Clouds dissolve in water ist von der Spannung durchdrungen, die der Textpassage von Jules Verne, der der Werktitel entnommen ist, innewohnt. Bewusst oder unbewusst, vollkommen oder unvollkommen, ist die vierte Wand geöffnet, und das Theater wartet auf diejenigen, die seine Bühne in Besitz nehmen wollen.

Hall of Half-Life

Tessa Giblin

»Der metonymische Zauber, mit dem man beim
Berühren eines Objektes berührt, was berührt ist,
berührt, wer berührt ist. Objekte des Austauschs
werden zu Objekten *für den* Austausch eines Platzes
gegen einen anderen, einer Zeit gegen eine andere, der Vergangenheit gegen die Gegenwart oder
die Gegenwart als Vergangenheit gegen eine nicht
bekannte Zukunft.«[1]

Es gibt sehr viele Objekte und Artefakte in unseren Landschaften und Museen, die nach wie vor zu Bemühungen,
ihre Bedeutung zu entschlüsseln, sowohl verlocken als auch
davon abhalten. Gleich ob in klimatisierten Hochsicherhe-
itsgebäuden geschützt oder in freier Natur zwischen Hügeln
gebettet, sind neolithische Stätten und megalithische Bau-
werke und Strukturen auf der ganzen Welt immer wieder
Interpretationsbemühungen durch heutige Archäologen
ausgesetzt wie auch durch die vielen, vielen Generationen
von Verwahrern, die vor uns gekommen sind. Sie tauchen
dauernd auf und warten unerschütterlich mit wechselnden
Auslegungen dieser Stätten und Strukturen auf, welche
wesentlich mehr über die Menschen verraten, die für diese
Bedeutungsschöpfung verantwortlich sind, als über irgendeinen Wesensgehalt, der den Steinen selbst innewohnt.[2]
Da es mit unseren spirituellen und wissenschaftlichen
Glaubenssystemen ein ständiges Auf und Ab ist und das
eine das vorangehende ersetzt, werden diese Objekte,
Artefakte, Monumente und Steine zu Spiegeln, die unsere
kulturellen Ideologien reflektieren.

Solche Stätten und Objekte wurden zu
außergewöhnlichen Bedeutungsträgern, die oft einen
mythischen Status in der kulturellen Seele erlangen. Und
das häufig trotz der Gegebenheit oder Genauigkeit, da die
Menschheitsgeschichte und die geologische Geschichte an

Stätten akademischen Misserfolgs auf einen parodistischen Kontrast treffen. Um eine solche Geschichte handelt es sich bei den Inschriften auf dem berühmten Runamo-Felsen in Schweden. Die umfangreichen Schriftzüge auf der Vorderseite des Felsens wurden von dem isländischen Runenexperten Professor Finn Magnusson untersucht, transkribiert und übersetzt. Nach sorgfältiger Arbeit präsentierte Magnusson der erwartungsvollen Welt eine wohldurchdachte, kunstvolle poetische Schilderung eines Sieges in einer historischen Schlacht. Nicht lange nach dieser großen Enthüllung wurde von Geologen nachgewiesen, dass die Zeilen und Gravuren nur mehr mit der Zeit entstandene Risse und Schichtverlagerungen in der Felsformation waren. Und trotz dieser peinlichen Enthüllung haben Magnussons nunmehr haltlose Übersetzungen einen unvermindert großen auf die skandinavische Literatur.

Die Runamo-Geschichte ist nicht weit entfernt von dem anhaltenden Rätsel um Stonehenge. Wie John Michell feststellt, haben Versuche, diesen Kreis von Menhiren durch einen Blick in die Vergangenheit zu entschlüsseln, verschiedentlich dazu geführt, dass er als »ein Tempel, ein Observatorium, ein Mahnmal, ein Parlament, eine Nekropole, ein Modell des Sonnensystems, ein steinzeitlicher Computer, und vieles mehr« bezeichnet wurde. »Man könnte fast annehmen, dass er eigens konstruiert wurde, um jedem Begriff einen Gefallen zu erweisen, der möglicherweise in ihn hineinprojiziert werden könnte.«[3]

Neben dem vom Menschen geschaffenen Kreis oder der Felsenfront mit der vermeintlichen Inschrift steht das Unbearbeitete und Unbezeichnete – der einfache Stein, der so viel von der Geschichte des Landes enthält. Das Gleiche gilt für das Geräusch, das aus dem Inneren der Erde nach außen dringt – das Knacken, Pfeifen und Stoßen der unter Druck stehenden Öffnungen, aus denen Gas aus dem

Inneren der Erde entweicht. Diese Geräusche und Steine
sind nicht etwa Boten aus der Geschichte der Menschheit,
sondern vielmehr Boten aus der Erde selbst, die durch die
Schächte und die Folgen der Rohstoffförderung zu uns
dringen. »Die Schrift in dem Fels ist die Signatur der Zeit
selbst, als Valéryanische Formen in Bewegung erfasst, die
ihr Wachstum und ihre Artikulation über Weltalter hinweg
in den beruhigten Wirbeln ihres Allerinnersten, in den
Tarnstreifen und Bruchlinien ihrer Struktur, ihren Adern
und Zellen zeigen; man kann in diesen Schnitten durch ein-
en Kieselstein oder einen Felsen schwindelerregend klar den
Fluss der organischen Materie, wie sie Form annahm und
versteinerte, erkennen« (Marina Warner).[4] Sie sind Steine,
die sich nicht auf die Erinnerung des Menschen stützen,
sondern ihre eigenen Erinnerungen haben, die in ihre
Adern eingeprägt sind. Um an die Vorstellung von Roger
Callois anzuknüpfen, stellen sie »einen irreversiblen Schnitt
in das Gefüge des Universums [dar]. Wie fossile Abdrücke
ist dieses Zeichen, diese Spur nicht nur ein Abbild, sondern
der Gegenstand selbst, gestützt durch ein Wunder, das sich
selbst und den unsichtbaren Gesetzen unserer gemeinsamen
Formung bestätigt, wo die Gesamtheit der Natur hervorge-
bracht wurde.«[5]

In unserer Zeit, jedoch getrennt von uns, gleich
ob vom Menschen oder auf natürlichem Weg erschaffen,
sehnen wir uns fast nach diesen Materialien, die aus den
Tiefen der Vergangenheit zu uns sprechen. Doch so oft
werden diese Dinge zu einer bewussten Tabula rasa, was
jeglichen Antrieb, eine Bedeutung zu entschlüsseln oder
eine existentielle Funktion zuzuweisen, zunichtemacht.

Dieser Drang, in die Vergangenheit zu blicken, wird
sogar noch komplizierter in einer Zeit, in der die Präsenz
des Menschen in der Geschichte des Planeten nicht länger
von dem Planeten selbst getrennt werden kann. Das ist das

Kernargument für die Akzeptanz des Begriffs Anthropozän:
dass wir in eine neue geologische Epoche eingetreten
sind, die von der signifikanten (und negativen) Wirkung
der Menschen auf den Planeten bestimmt ist. Der Chemiker Paul Crutzen stellte den Begriff im Jahr 2000 bei
einer Konferenz in Mexiko vor. Er hatte auch aufgedeckt,
welche Rolle Thomas Midgely durch die Erfindung der
Fluorkohlenwasserstoffe (FCKW) spielte, die, wie Crutzen
schon früher festgestellt hatte, die Ozonschicht zerstörten.
Crutzen bezeichnete Midgeley als ein schockierendes und
schlagkräftiges Beispiel für die Auswirkung, die ein einziger
Organismus auf ein ganzes Ökosystem haben konnte. Das
Anthropozän hat schnell an Dynamik gewonnen, damit der
gewaltige Wandel in der Umwelt und Biosphäre unseres
Planeten in Wirklichkeit und präzise realisiert wurde, und
avancierte damit gleichzeitig zu einem mächtigen seman-
tischen Hilfsmittel.

Obwohl es dienlich sein kann, mit Entsetzen über
die demokratisch gewählten Amtspersonen und Ober-
häupter zu richten, die ganz offen entweder Ignoranz
demonstrieren oder Korruption unterstützen, wenn sie leu-
gnen, dass der Klimawandel von den Menschen verursacht
ist, sind viele von uns (mit rühmlichen Ausnahmen) an der
neuen Wissensscheinheiligkeit beteiligt. Die Vernetzung
der Planetensysteme steht im Widerspruch zu dem, wie
wir darin leben: privater Gewinn, Nationalstaaten, Reichs-
grenzen – all diese Dinge werden irrelevant, wenn giftige
Wolken aus dem Atomstaub von Tschernobyl den Globus
umkreisen, das Loch in der Ozonschicht über der Antarktis
wächst oder der radioaktive Staub von Fukushima weiterhin
in die Wasserversorgung und die Meeresströmungen sick-
ert.

Am 13. Februar 1997 sanken bei einem Sturm
vor Land's End in Großbritannien fast 4,8 Millionen Le-

go-Spielzeugteile aus dem Containerschiff Tokyo Express. Diese winzigen, fröhlichen Tintenfische, Spaten, Klötze und viele andere Plastikteile werden nach wie vor katalogisiert, da sie an Stränden und Mündungen auf der ganzen Welt angeschwemmt werden. Bei dieser Sammlung und Dokumentation sind die Legos zu Runen geworden, die es zu entziffern gilt, Artefakten, die ein ernsthaftes Bewusstsein der Vernetzung aller Organismen und Systeme auf der Erde katalysieren.

Wir finden uns so in einer Zeit wieder, in der die naturgegebene Welt und die vom Menschen geschaffene Welt stärker miteinander verknüpft sind als je zuvor. Christian Schwägerl bekundet dies ganz klar, wenn er schreibt: »Im Holozän gab es immer die ›große Welt da draußen‹, die ›freie Natur‹, eine grenzenlose natürliche Welt, die unerschöpflich schien [...] Im Anthropozän gibt es nur ›das Innerste‹, das gemeinschaftlich von jedem von uns im täglichen Leben geprägt wird [...] Wir sind nicht von unserer Umwelt unabhängig«.[6]

Lonnie van Brummelen & Siebren de Haan schrieben Folgendes, als sie ihre neue Arbeit für diese Ausstellung entwickelten: » In der realen Welt da draußen ist Material niemals rein oder getrennt. Es ist Teil einer Mischung, einer größeren Ökologie, eines komplexen lebenden Organismus.«[7] Wir können es uns nicht länger leisten, die Natur als etwas zu betrachten, das über uns hinausgeht. Wir können nicht länger von dem *Wilden* träumen. Die Unterscheidung zwischen vom Menschen geschaffenen und natürlich entstandenen Artefakten, auf die wir uns vielleicht beim Studieren von Objekten aus der Vergangenheit gestützt haben, scheint mehr und mehr unzuverlässig, zumindest wenn man betrachtet, wie unsere Kultur in der Zukunft untersucht werden mag. Ebenso wie für unsere Vorgänger wird offenkundig sein, was in unseren Landschaften bestehen bleibt: die Dinge, die kommunizieren, weil wir sie mit genau der Intention erschaffen, wie etwa Denkmäler oder Grabstätten; außerdem die beiläufigen Dinge, die Deponien und die Abfallprodukte der Industrie, die »künstlich erzeugten Elemente, radioaktiver Ausfall von Atombombentests, eine Zunahme von Kohlendioxid in der Atmosphäre, Plastikabfälle und das bunte Sortiment archäologischer Substrate unter den Städten«.[8] Wie Peter Galison in seinen Ausführungen zu Wüste und Wildnis geschildert hat, können diese beiden Arten von Lebensraum, die aus gänzlich verschiedenen Gründen abgegrenzt sind, in Zukunft nicht mehr voneinander unterschieden werden. Militärische Sperrgebiete, radioaktive Stätten oder einfach verlassene Orte entwickeln in Abwesenheit menschlichen Lebens schnell eine große Biodiversität.

      Doch was ist mit dieser Zukunft? Wir können uns nicht mehr ein Kontinuum in der Zukunft vorstellen, was sich auf ein tiefes Wissen über die Vergangenheit der Menschheit bezieht. Wir können nicht mehr der Einfachheit halber voraussetzen, dass wir uns mitten in einem Zeitbogen befinden. Geoffrey Farmer ruft uns in Erinnerung: » In den Puranas, einer alten Hinduschrift, wird das Universum als zyklisch beschrieben, das 4.320.000.000 Jahre blinzelt und dann einschläft, wieder erwacht und neu beginnt.«[9] Der Atommüll, der schließlich in Endlagern auf der ganzen Welt deponiert wird, existiert in einem gänzlich anderen Zeitverhältnis als unser Verständnis der Menschheitsgeschichte, das von Minuten, Tagen, Jahrzehnten und Zeitaltern geprägt ist. Plutonium hat eine Halbwertszeit von 24.000 Jahren. Wir betrachten etwas nach zehn Halbwertszeiten als vernachlässigbar, das heißt, das Plutonium (oder in welchen radioaktiven Stoff auch immer es zerfällt) bleibt 240.000 Jahre für das Leben auf der Erde gefährlich und schädlich.[10] Das ist für die meisten von uns immer noch eine beinahe unvorstellbare Zeitspanne. Stratigraphen, diese Erdzeitmesser, die den Epochen Namen gegeben haben, sind möglicherweise in der Lage, sich gedanklich Millionen und Billionen von Jahren in die Vergangenheit zurückzuversetzen, während sie ihre Emails lesen, doch für den Rest von uns ist unser täglicher Zeitbegriff wesentlich kleiner.

Projekte wie *The Clock of the Long Now* — ein Chronometer, der für eine einzige Umdrehung über einen Zeitraum von 10.000 Jahren konstruiert wurde — versuchen, die menschliche Vorstellungskraft zu erweitern, indem sie im wörtlichen Sinne die herkömmliche Darstellung der Zeit ausdehnen. Wissenschaftler, Künstler und Philanthropen bemühen sich darum, dass wir uns selbst innerhalb eines viel größeren Zeitfeldes sehen, und ermutigen uns, im Interesse derer zu agieren, die nach uns und nach unserer Zeit kommen. Mit der zunehmenden Kommunikationsgeschwindigkeit, durch die Handlungen sofort vom Aktienmarkt widergespiegelt werden, und den modernen sozialen Medien erscheint das Verhältnis zur eigenen Raumwahrnehmung von größerer Bedeutung als das Leben. Die Berücksichtigung von Zukunft und Vergangenheit zieht immer engere Kreise, die Aufmerksamkeitsspanne ist kürzer und der Bedarf an Informationskonsum steigt. Und all das in einer Zeit, in der es wichtiger denn je ist, uns als Teil einer größeren Handlung, einer längeren Geschichte zu betrachten, deren kollektive Verwahrer wir sind.

Im Jahr 2030, wenn das Atommüllendlager — das WIPP (Waste Isolation Pilot Plant) in New Mexico — voll ist, wird es dauerhaft verschlossen und versiegelt. Überirdisch werden Markierungen angebracht: Warnhinweise, die seine Gefahr beschreiben und deren Information auf die nächsten 10.000 Jahre festgeschrieben ist.[11] Doch welche Art von Formen, Materialien, Zerstörungen oder

Botschaften können auf so lange Sicht hin, in eine solch
weite, unbekannte Zukunft hinein vermittelt werden? Viele
gezielte Mahnmäler, mit denen wir heute leben, sind komplex, was am deutlichsten zutage tritt, wenn wir öffentlich
über ihre Konzeptualisierung und Konstruktion debattie-
ren. Doch als Tresorfach für die menschliche Erinnerung
sind Monumente und Mahnmale zweischneidig: Sie sind
wertvolle Gedächtnisstützen im »Damit wir nicht vergessen«-Stil, doch sie können auch ein willkommenes Mittel
sein, ebendiese Verantwortung zur Erinnerung auf ein
Objekt zu übertragen, was uns erlaubt, gemeinschaftlich
voranzuschreiten. Und mit all dieser Distanz geht auch ein
Element des Vergessens einher. Julia Bryan-Wilson be-
merkt, dass die Behörden, indem sie heute große Energie
auf die Schaffung der WIPP-Warnhinweise verwenden, sich
weigern, eine kontaminierte Gegenwart zuzugeben: »Man
könnte sagen, dass die Markierung etwas in Erinnerung
ruft, was noch nicht geschehen ist, um das auszulöschen,
was bereits geschah; dafür errichtet man einen großen
Hinweis, um unsere Aufmerksamkeit weg von der Anlage
zur Wiederaufarbeitung von Kernbrennstoffen in Savannah
River in South Carolina oder von der Nevada National
Security Site zu lenken.«[12] Betrachtet man die Zukunft als
ein Mittel zur Säuberung der Gegenwart, dann stolpern wir
zwangsläufig über eine unvorhersehbare Verfallsrate.

> »Man betrachte, was die Ruine bedeutet hat oder
> noch heute bedeuten mag: eine Erinnerung an die
> allgemeingültige Wirklichkeit von Untergang und
> Fäulnis; eine Warnung aus der Vergangenheit vor
> unserem eigenen Schicksal oder dem irgendeiner
> anderen Zivilisation; ein Schönheitsideal, das gerade
> wegen seiner Mängel und Defekte verlockend ist;
> das Symbol für einen gewissen melancholischen oder

trägen Seelenzustand; ein Bild vom Gleichgewicht
zwischen Natur und Kultur; ein Mahnmal für die
Gefallenen eines Krieges in der Vergangenheit oder
in der Gegenwart; das Bild wirtschaftlicher Hybris
oder industriellen Niedergangs; ein trostloser Spielp-
latz, in dessen gesprungener und mit Unkraut be-
wachsenen Einfriedung wir Platz und Zeit haben, uns
eine Zukunft vorzustellen. Wir verlangen ziemlich
viel von Ruinen und erkennen intuitiv eine Menge
Sinn in ihrem Schweigen.«
(Brian Dillon, *Ruin Lust*, 2014).[13]

Wie werden die Einwohner der Zukunft angesichts der
unzähligen Veränderungen, denen das Land unterzogen
wurde, zwischen Monumenten und Erdwällen einerseits
und den zurückgebliebenen Gruben oder Steinbrüchen an-
dererseits, wo Mineralien abgebaut oder fossile Brennstoffe
gefördert wurden, unterscheiden,? Werden die Menschen
die Arten von Flora, Fauna und Tieren, die vom Menschen
gezüchtet wurden, von denen unterscheiden können, die
vor uns existierten? Werden Umweltkatastrophen wie
Stürme und Erdbeben überhaupt noch als natürlich ang-
esehen werden? Können Mythen wirklich über größere
Zeiträume fortbestehen als Objekte? Wird die Sprache
sich wirklich so viel weiterentwickeln, dass unsere heutigen
Sprachen nicht mehr zu entziffern sind? Werden Bilder,
Begriffe, Darstellungen und Signifikanten ebenso sehr das
Werk von Algorithmen sein wie auch das Werk von Künstlern? Wird das Wissen um den wahren Schrecken dieses
Atommülls sich so in die menschliche Psyche einprägen,
dass die Elterngenerationen die Bedeutung dieser Warnhinweise an ihre Kinder als eine Geschichte von großer
Wichtigkeit weitergeben? Oder werden sie wie die meisten
japanischen Tsunami-Steine vor der Katastrophe aus dem

Gedächtnis des Menschen verschwinden?[14] Wird die Evolution die Hüter dieser Markierungen in der Zukunft überhaupt noch Menschen sein lassen?

Die zufälligen, unbeabsichtigten, rätselhaften Botschaften aus der Vergangenheit und der Gegenwart stehen im Gegensatz zu denen, die unzweifelhaft geschaffen wurden, um mit der Zukunft zu kommunizieren. Die prähistorischen Bradshaw-Höhlenmalereien (in der Sprache der Aborigines Gwion Gwion) in dem alten Land der australischen Ureinwohner sind vielleicht mit einem sehr modernen Verständnis von Zeit und Dauerhaftigkeit geschaffen worden. Ihre Farbpigmente waren von Bakterien und Pilzen besiedelt, die sich einander in einem symbiotischen Verhältnis viele zehntausend Jahre ernährt haben, wobei Pigment und Pilze in einem Prozess ständiger Selbsterneuerung miteinander verwoben waren. Die Kultur der australischen Aborigines hatte ein höchst entwickeltes gedankliches Verhältnis zur Zeit und zu Zeitspannen, und es scheint, dass diese Menschen vergangener Zeiten Zeichnungen schufen und sich dabei dieser Fähigkeit bewusst waren – um auf diese Weise lebendig zu bleiben, sich selbst über die Zeitalter hinweg zu verewigen, sich immer tiefer in die Felsoberfläche einzuprägen. Oder, wie Mihnea Mircan es formuliert: Diese Malereien »sind ebenso sehr ein Produkt der Prähistorie, eines Paradigmas, das Leben, Wissen, Bild und Welt in einer Art und Weise vereint, dass wir nur darüber spekulieren können, wie sie auch jetzt erschaffen sind, mit einer radikal modernen Auffassung«.[15]

Wenn wir wirklich in einer Zeit gelebt hätten, die sich dessen, was noch kommen würde, bewusst gewesen wäre, wären alle Architekturvorhaben mit Vorhersagen von Verfall, Entropie und Zerstörung einhergegangen als fester Bestandteil ihres Versuchs, bei dem Wettbewerb den ersten Platz zu gewinnen. Und wie die alten Künstler der Bradshaw-Malereien würden wir uns selbst und unsere Monumente mit dem Geist und den Vermittlern des Verfalls umwinden, um weiterhin mit der fernen Zukunft in Kontakt zu stehen.

Wie die vierzehn Texte in diesem Band zeigen, gleicht Kunst aus ihren eigenen spezifischen Gründen mitunter einem vernetzten Erdsystem, und stehen die Künstler im Mittelpunkt dieser Geschichte, mit einem Auge nach vorne und mit dem anderen nach hinten blickend. Dies sind die Leitgedanken von *Hall of Half-Life*, und das ist auch das Terrain der zeitgenössischen Kunst.

NOTES

[1] Bill Brown, Anarchéologie: Object Worlds & Other Things, Circa Now, in: *The Way of the Shovel*, hrsg. von Dieter Roelstraet, Chicago 2013, S. 259.

[2] Lucy Lippard trifft es ganz genau, wenn sie schreibt: »When I cross a moor on which no tree, habitation or person is visible, and come upon a ring of ragged stones, a single rough-hewn pillar, a line curving away over a hill, a gently rounded mound or cairn of stones, I know this is human-made. I think neither of a boundless nature nor of gods or goddesses, but of the people who made these places.« (deutsch: »Wenn ich ein Moor durchquere, wo kein Baum, keine Behausung oder kein Mensch zu sehen ist, und auf einen Ring zerklüfteter Steine, einen einzelnen grob behauenen Pfeiler, eine Linie, die sich über einen Hügel schlängelt, einen sanft gerundeten Erdwall oder einen Steinhaufen treffe, dann weiß ich, das ist vom Menschen erschaffen. Ich denke weder an eine unbändige Natur noch an Götter oder Göttinnen, sondern an Menschen, die diese Orte geschaffen haben.«), siehe Lucy Lippard, *Overlay*, New York 1983, S. 4.

[3] »[...] Stonehenge is now acknowledged as the classic battleground of archaeology, where scholarly reputations are sacrificed and where every new generation massacres the theories of its predecessors.« (deutsch: »[...] Stonehenge ist nun als das klassische Schlachtfeld der Archäologie anerkannt, wo wissenschaftliches Ansehen geopfert wird und wo jede neue Generation die Theorien ihrer Vorgänger niedermacht.«), siehe John Michell, *Megalithomania – Artists, antiquarians and archaeologists at the old stone monuments*, London 1982, S. 22.

[4] Marina Warner, The Writing of Stones, in: *Cabinet* 29 (2008), auch verfügbar unter: http://cabinetmagazine.org/issues/29/warner.php: »The writing in the rock is the signature of time itself, captured as Valéryan forms in movement, displaying their growth and articulation over eons in the stilled swirls of their inner core, the camouflage stripes and fault-lines of their structure, their veins and cells; it is possible to see clearly, vertiginously, in these sections through a pebble or a rock the flow of organic matter as it took shape and petrified.«

[5] Zitiert nach Marina Warners Übersetzung von Roger Caillois, *Pierres*, Paris 1966, S. 117, in: The Writing of Stones, in: Cabinet 29 (2008), auch verfügbar unter: http://cabinetmagazine.org/issues/29/warner.php: »[...] an irreversible cut made into the fabric of the universe. Like fossil imprints, this mark, this trace, is not only an effigy, but the thing itself stabilized by a miracle, which attests to itself and to the hidden laws of our shared formation where the whole of nature was borne along.« Sie übersetzt Caillois' Begriff *lancée commune*, was wörtlich »gemeinsames Geschleudertsein« bedeutet, mit »shared formation« (gemeinsame Formung), was an die Bearbeitung von Ton auf der Töpferscheibe erinnert.

[6] Deutsche Übersetzung nach Christian Schwägerl, *The Anthropocene – The Human Era and How it Shapes Our Planet*, Santa Fe/London 2014, S. 45; deutsche Originalausgabe: *Menschenzeit: Zerstören oder gestalten? Die entscheidende Epoche unseres Planeten*, München 2010.

[7] Siehe Lonnie van Brummelen & Siebren de Haan, S. XX–XX in diesem Band.

[8] Nach der Konferenz in Mexiko [bei der Paul Crutzen so wirkungsvoll den Begriff »Das Anthropozän« verwendete] wurde schnell klar, dass die Menschen heute tatsächlich die Erde in einem sehr kurzen Zeitraum auf radikale, nachhaltige Weise verändern würden, und zwar so sehr, dass die Geologen hinkünftig diese Veränderungen feststellen werden, siehe Christian Schwägerl, *The Anthropocene – The Human Era and How it Shapes Our Planet*, Santa Fe/London 2014, S. 52; deutsche Originalausgabe: *Menschenzeit: Zerstören oder gestalten? Die entscheidende Epoche unseres Planeten*, München 2010.

[9] Siehe Geoffrey Farmer, S. XX–XX in diesem Band.

[10] Diese Zahlen präsentiert Allison Mac Farlane, der Vorsitzende der US-amerikanischen Atomaufsichtsbehörde in den Jahren 2012 bis 2014, in dem 2015 entstandenen Film *Containment* von Peter Galison & Robb Moss, auf dessen Grundlage deren Arbeit in der Ausstellung *Hall of Half-Life* entstanden ist.

[11] Siehe Peter Galisons Essay *Die Halbwertszeit der Geschichte* in diesem Band für die vollständige Diskussion über das WIPP und die vorgeschlagenen Markierungen.

12 »One could say that the marker commemorates something that has not yet happened
in order to erase that which has, building a
huge marker to rivet our gaze away from the
Savannah River Site in South Carolina or the
Nevada Test Site.« Bryan-Wilson schreibt
weiter: »The questions that WIPP raises about
the persistence of information and memory
loss are strikingly relevant for art history: all
images regard the future, it just depends on
how far out we draw the timeline.« (deutsch:
»Die Fragen, die WIPP zur Fortdauer der
Information und zum Erinnerungsverlust
aufwirft, sind erstaunlich relevant für die
Kunstgeschichte: Alle Bilder nehmen auf die
Zukunft Bezug, es hängt einfach nur davon
ab, wie weit wir die Zeitachse ziehen.«), siehe
Julia Bryan-Wilson, Building a Marker of Nuclear Warning, in: Monuments and Memory,
Made and Unmade, hrsg. von Margaret Olin
und Robert Nelson, Chicago, Herbst 2003, S.
183–204.

13 Brian Dillon, *Ruin Lust*, London 2014, S. 5: »
Consider what the ruin has meant, or might
mean today: a reminder of the universal
reality of collapse and rot; a warning from
the past about the destiny of our own or
any other civilisation; an ideal of beauty that
is alluring exactly because of its flaws and
failures; the symbol of a certain melancholic
or maundering state of mind; an image of
equilibrium between nature and culture; a
memorial to the fallen of an ancient or recent
war; the very picture of economic hubris or
industrial decline; a desolate playground in
whose cracked and weed-infested precincts we
have space and time to imagine a future. We
ask a great deal from ruins, and divine a lot of
sense from their silence.«

14 Siehe Peter Galison & Robb Moss, S. XX–XX
in diesem Band.

15 »[...] are as much a product of prehistory, of
a paradigm that pairs life, knowledge, image
and world in ways we can only speculate
upon, as they are made *now*, in a radical
contemporaneity«. »A 2010 archaeological
study found that the prehistoric Gwion Gwion
paintings in Australia, whose chromatic
vividness contrasts with their age and their
exposure to sun and rain, are inhabited by ›living pigments‹. A symbiotic biofilm of red cyanobacteria and black fungi sustains a process
of permanent self-painting, while also etching
the pictures deeper into the quartz wall. The
texts commissioned for the reader respond,
from a variety of disciplinary perspectives, to
an idiosyncratic temporality and economy –
or ecology – of signification. Descending from
an inscrutable past to the same extent that
they are made now, in a radical contemporaneity, the Gwion Gwion are examined as
an allegorical metabolism that generates new
articulations of ›art‹ and ›life‹, contamination and purity, prehistory and modernity,
bacterial and human colonies, lost knowledge
and scientific advancement – collaborative
relations between antonyms, altered schemas
of ›origin‹ and ›identity‹.« (deutsch: »Bei
einer 2010 durchgeführten archäologischen
Untersuchung fand man heraus, dass die
prähistorischen Gwion Gwion-Malereien in
Australien, deren leuchtende Farbigkeit ihrem
Alter entgegensteht sowie der Tatsache,
dass sie Sonne und Regen ausgesetzt sind,
von ›lebenden Pigmenten‹ besiedelt sind. Ein
symbiotischer Biofilm aus roten Cyanobakte-
rien und schwarzen Pilzen unterstützt einen
Prozess, bei dem sich die Malerei ständig
selbst erneuert, während sich die Bilder
gleichzeitig auch tiefer in die Quarzwand
fressen. Die für das Begleitheft in Auftrag ge-
gebenen Texte gehen aus vielen verschiedenen
Perspektiven auf eine eigenwillige Zeitlichkeit
und Bedeutungsökonomie – oder -ökologie
ein. Die Gwion Gwion-Malereien, die aus
einer unerforschten Vergangenheit stammen
und im gleichen Maß auch heute in einer ra-
dikalen Modernität entstehen, werden als ein
allegorischer Metabolismus untersucht, der
neue Artikulationen von ›Kunst‹ und ›Leben‹,
Kontamination und Reinheit, Prähistorie und
Moderne, Bakterien- und Menschenkolonien,
verlorenem Wissen und wissenschaftlichem
Fortschritt hervorbringt – gemeinschaftliche
Beziehungen zwischen Antonymen, veränderte Schemata von ›Ursprung‹ und ›Identität‹.«).
Aus dem Begleitheft zu einer Ausstellung mit
dem Titel *Allegory of the Cave Painting*, kuratiert
von Mihnea Mircan in der Extra City Kunsthal
in Antwerpen, die diese Geschichte als Bin-
deglied verwendete, siehe Mihnea Mircan &
Vincent W.J. van Gerven Oei (hrsg.), *Allegory
of the Cave Painting*, Mailand 2015.

The Half-Life of Story

Peter Galison

Am Vorabend des totalen Krieges warnten Wissenschaftler in Nazi-Deutschland (vor allem Werner Heisenberg) die deutschen Waffenbehörden, dass eine uraniumhaltige Spaltbombe produziert werden könnte. Auf der anderen Seite des Atlantiks schrieb Albert Einstein Präsident Roosevelt, dass die Deutschen sehr wohl versuchen würden, eine solch drastische Waffe herzustellen und dass Amerika wachsam sein solle. 1942 war das Manhattan-Projekt in den Vereinigten Staaten in vollem Gange. Innerhalb weniger Monate entwickelte sich eine neue Industrie, indem durch den Einsatz von zwei Milliarden Dollar aus Tisch und Reagenzglas eine Fabrikanlage entstand, die sich von Küste zu Küste erstreckte.

Der Ausbruch des Kalten Krieges 1947 brachte unzählige neue Studien über die Zukunft der Kriegsführung hervor – doch es war der von 1950 bis 1953 andauernde Koreakrieg, der eine riesige, niemals mehr demobilisierte Waffengewalt aus der Taufe hob. In diesem Zustand permanenter Alarmbereitschaft gingen die Planungen ununterbrochen weiter. Der Kommandeur der US-Luftwaffe Henry H. (Happ) Arnold gründete das Project RAND (*Research ANd Development*) als Möglichkeit, den Charakter eines künftigen internationalen Krieges vorherzusagen. Das Projekt gehörte dann zu Douglas Aircraft und wurde wenig später zu einer gemeinnützigen Ideenschmiede von ungeheurer Wirkkraft. Einer von RANDs ersten Berichten war »Preliminary Design of an Experimental World-Cicling Spaceship« (Vorläufiger Entwurf für ein experimentelles Raumschiff zur Weltumkreisung).[1] Obwohl der Titel wie Science Fiction klingt, verwandelte sich der vorläufige Entwurf in ein vorrangiges Bemühen der Luftwaffe, Aufklärungssatelliten zu entwickeln.

Planungsdokumente nahmen viele Formen an – von qualitativen Angeboten bis hin zu wirtschaftsma-

thematischen Prognosen. Doch unter dieser neuen Zukunftsliteratur gab es eine neuartige Form der Vorstellung, eine
neue fragmentierte Form des Geschichtenerzählens, die
als *Szenario* bekannt wurde. Irgendwo zwischen der Kurzzusammenfassung einer Geschichte und einem immer
komplexeren Rollenspiel angesiedelt, vervielfachten sich
Kriegsspielszenarien. Das Szenario, das von dem Verteidigungsintellektuellen Herman Kahn (der Stanley Kubrick für
Dr. Seltsam als Vorbild diente) erfunden und bekannt gemacht wurde, entwickelte sich aus Kriegsspielen und wurde
zum Hauptgegenstand des neuen Futurismus. Kahn, der für
seine Auffassung, dass man einen Atomkrieg »überleben«
könne, sowohl gelobt als auch verunglimpft wurde, mahnte
Politiker, zivilen Bevölkerungsschutz und Heerführer, dass
sie gründlich darüber nachdenken müssten, was wirklich
nach einem thermonuklearen Krieg geschehen könnte –
selbst wenn es Millionen Tote gäbe.[2]

In seinem 1962 veröffentlichten Buch *Thinking
the Unthinkable* umriss Kahn, was er mit diesem neuartigen
(oder zumindest neu angewandten) Konzept meinte: »Ein
Szenario resultiert aus einem Versuch, mehr oder weniger
detailliert eine hypothetische Ereignisabfolge zu schildern.«
Es könne den Prozess einer bewaffneten Eskalation, der
Ausbreitung eines Krieges oder einen Rückzug »in der
künftigen Geschichte« deutlich machen. Szenarios könnten in kurzer narrativer Form einen begrenzten Krieg oder
auch das Beenden eines nuklearen Austauschs untersuchen.
»Das Szenario eignet sich besonders dazu, verschiedene
Aspekte eines Problems mehr oder weniger gleichzeitig zu
behandeln, [was uns hilft] ein Gefühl für Ereignisse und
die Verzweigungspunkte, die von der kritischen Auswahl
abhängig sind, zu bekommen.«[3]

Der Grund, weshalb Szenarios in dieser destruktivsten aller imaginierten Zukunftsvisionen erforderlich waren, bestand darin, dass wir uns eigentlich nur wenig von der erlebten Geschichte entfernen mussten. Kahn beharrte: »Thermonukleare Kriege sind nicht nur unerfreuliche Ereignisse, sie sind – zum Glück – unerprobte Ereignisse, und die Krisen, durch die solche Kriege drohen, sind fast gleichermaßen unerprobt.« Laut Kahn hatten Szenarios fünf Vorteile gegenüber anderen Formen der Prognostik.[4] Szenarios dramatisierten spezielle Elemente aus der Wirklichkeit, zwangen Planer, Schlüsselelementen ins Auge zu sehen, und erfassten gleichzeitig Elemente aus Psychologie, Soziologie sowie politischen / militärischen Strukturen, was mathematische Modelle nicht konnten. Darüber hinaus konzentrierten sich Szenarios auf spezielle Auswahlmöglichkeiten – und spielten alternative Ausgänge für reale Krisen wie im Libanon, in Suez oder Berlin durch.

Kahn beschwor zum Beispiel ein Szenario herauf, bei dem die Sowjets einen präventiven thermonuklearen Angriff auf die Vereinigten Staaten starten könnten und das auf einem »kalkulierten Sieg« basierte. Doch Kahn meinte auch, dass es Unsicherheitsfaktoren gäbe – Schwierigkeiten, die entstehen könnten, weil der Kreml einen Schritt hin zum entscheidenden Umlegen des Schalters macht. Hier stellt sich Kahn Ministerpräsident Nikita Chruschtschow in einem imaginären kontroversen Dialog mit einem seiner Generäle vor, darunter auch die von jeher angefochtenen Ukrainer. In diesem fiktiven Austausch sagt Chruschtschow: »Ich werde das Telefon abheben und sagen: ›Feuer‹! Der Offizier wird antworten: ›Was haben Sie gesagt?‹ Ich werde wiederholen: ›Feuer‹! Er wird sagen: ›Es scheint eine schlechte Verbindung zu sein. Ich höre dauernd das Wort ›Feuer‹. Ich werde sagen: ›Wenn Sie nicht feuern, werde ich Sie in Öl kochen lassen‹. Er wird sagen: ›Ich *habe Sie* dieses Mal *gehört*. Nicht feuern! Vielen Dank!«[5]

Hier haben wir drei charakteristische Merkmale

des nuklearen Szenarios: zuerst ein apokalyptisches erfundenes Umfeld des Ganzen, das der Mini-Geschichte einen Schauer des Schreckens verleiht; zweitens eine Pseudospezifität der Bezugnahme – hier ein umgangssprachlicher Dialog; und drittens eine karikaturhafte Schilderung der Realität, eine Ausdehnung eines Elementes aus der Welt in sein asymptotisches Extrem. Solche Szenarios entwickelten sich leicht zu einer Art (militärischem) Improvisationstheater weiter. Ein Beispiel: »Der Vorfall ist die Explosion einer Atomwaffe auf einem Stützpunkt der strategischen Luftstreitmacht der Vereinigten Staaten SAC (Strategic Air Command) in der Nähe von Mobile, Alabama, durch die 50.000 Menschen getötet werden. Neben Schätzwerten zum Ausmaß der Zerstörung und Zahlen von Opern erhält der Präsident die folgende Information: Die Stelle der Explosion spricht für ein Unglück oder Sabotage. Es bestand nur die geringe Wahrscheinlichkeit, dass die Explosion durch eine feindliche Bombe ausgelöst wurde.« Offiziere und Politiker begannen sich auszudenken, wie sie darauf reagieren würden. Einmal mehr – Apokalypse, Spezifität, Karikatur.[6]

Die Geschichte in Szenarios umzuschreiben, avancierte zu einer anderen Methode, die Auseinandersetzung mit der endlosen Krise des Kalten Krieges zu »üben«. Kahn bot seinen Lesern zehn solcher Szenarios an, die sich von der Antike bis zur heutigen Zeit erstreckten – sogar biblische und fiktionale Episoden konnten in Szenarios verwandelt werden. Die Schlacht von Camlann des Königs Artus, der Angriff der japanischen Streitkräfte auf Pearl Harbor, der Reichstagsbrand – die Liste geht weiter, wobei jedes Szenario auf eine oder zwei Log Lines reduziert ist. Von der Berlin-Blockade zurück zum biblischen Harmagedon war diese verwegene Mischung plötzlich sogar noch aktueller nach der Kubakrise von Oktober 1962[7] –und im Gegenzug

Kahns Szenarios sogar noch durchschlagender: unbeabsichtigte, taktische, einvernehmlich provokative »Was wäre, wenn«-Vorstellungen, die sich von einem Ereignis in Ostdeutschland hin zu einer Pattsituation in Kuba bewegten.[8] Kahns Szenariengebäude zwischen Tatsache und Fiktion machte Schule − und wurde von einigen der größten Unternehmen in der Welt angewandt. Pierre Wack bei Royal Dutch Shell kannte Kahns Katastrophenszenarios gut und begann, das Denken in Szenarien auf die Ölproduktion und den Ölverbrauch in den späten 1960er und frühen 1970er Jahren zu übertragen. Die Shell-Prognostiker begannen mit dem Verfassen von Schriften, in denen sie warnten, dass das Überangebot an Öl sich ebenso gut in eine Mangelversorgung verwandeln kann − wobei die arabischen Golfstaaten eine beispiellose Machtposition einnahmen, da sie die Ölgewinnung begrenzten.[9]

Über die Jahre erweiterte Shell seinen Stab von Prognostikern und bezog deren Szenarien in die Entscheidungsfindung der Geschäftführung ein. 2014 konnte sich zum Beispiel jeder durch die Webseite von Shell klicken und einen Film ansehen, der zwei alternative Szenarien zur Zukunft der Energie aufzeigte, welche beide bis ins Jahr 2050 reichten. Nummer eins heißt »Scramble« (die schlechte, reaktive Zukunft) und Nummer zwei »Blueprints« (die gute, vernünftige Zukunft). In dem auf Vorsichtsmaßnahmen bedachten Szenario Scramble beharren die Menschen auf lange Sicht auf Energieeffizienz, und die Regierung »unternimmt schließlich Schritte«, die zu einer »spontanen« Gesetzgebung mit einem schlecht durchdachten Regelwerk führen. Bauunternehmen können sich nicht schnell genug auf die neu verordneten Vorschriften einstellen und es kann nur eine Energieeinsparung von läppischen 15 % erfolgen. Bei dem Blueprints-Szenario geschieht das weitere Vorgehen überlegt und systematisch, wobei 60 %

der Energie durch erneuerbare Energiequellen erzeugt werden.[10] In den späten 1960er Jahren machten die Prognostiker, die nicht gerade bei Shell Oil unter Vertrag waren, jedoch bei vielen der weltgrößten Unternehmen, bei der Nationalen Luft- und Raumfahrtbehörde (NASA) und bei Planern von Atomkriegen, tiefgreifende Vorhersagen für die Industrie.

Was in der nuklearen Welt lauerte, war ein anders geartetes Problem – was sollte man mit der großen Menge an Atomwaffen und Atommüll machen, die sich seit Beginn des Zweiten Weltkriegs angehäuft hatte? Vieles davon – wie Plutonium (mit einer Halbwertszeit von 24.100 Jahren) – hatte länger, weitaus länger Bestand als die gesamte Geschichte der menschlichen Zivilisation. 1957 entwickelte sich mit Befürwortung der National Academy of Sciences ein wissenschaftlicher, wenn nicht gar politischer Konsens, dass all diese überflüssigen Waffen – nicht zu sprechen von zivilem Atommüll – in einem tief gelegenen Endlagerbergwerk versteckt werden, vorzugsweise in einer Salzgrube, wo sich das Salz um das gelagerte Material legen und es für einen sehr langen Zeitraum umhüllen würde. Nach Jahrzehnten politischer Streitereien und Hinterzimmergeschäften wählte das Energieministerium der Vereinigten Staaten (Department of Energy, DOE) einen Standort im südöstlichen New Mexico, rund 26 Meilen von Carlsbad entfernt. Doch bevor das Atommülllager eingerichtet werden konnte, forderte der Kongress und bestimmte die US-Umweltschutzbehörde (Environmental Protection Agency, EPA), dass das Energieministerium einen Plan haben müsse, dass Menschen nicht aus Versehen mit dem Müll in Berührung kämen. Es überrascht nicht dass die Phase der Warnung dem Maß der Bedrohung entsprechen musste. Auf diese Art und Weise ging die Umweltschutzbehörde mit fast jedem Gefahrenstoff um.

Doch im Unterschied zu vielen Chemikalien, die sich mit
der Zeit abbauen, musste die Bedrohung durch Plutonium
und andere transuranische Abfälle mit erstaunlichen Zeiten
bemessen werden. Die Umweltschutzbehörde entschied
sich für einen Zeitraum von über 10.000 Jahren, lange
genug, um dem Problem zuvorzukommen, während dem
die Geologie ziemlich beständig bleiben sollte, und kurz
genug (sozusagen), um der dokumentierten Menschheitsgeschichte zu entsprechen.

Wenn man also über die ganz nahe Zukunft, die
10.000-Jahr-Zukunft, sprechen will, wen würde man da
anrufen? Das Energieministerium zog durch sein Nuklear-
waffenlabor Sandia, das sich auf dem Luftwaffenstützpunkt
Kirtland in der Nähe von Albuquerque in New Mexico
befindet, Prognostiker wie Theodore J. Gordon heran.
Gordon hatte weit in die Zukunft reichende interplanetare
Projekte für die NASA skizziert (und war Chefingenieur
auf der Oberstufe der Mondflugrakete Saturn V), hatte für
die Rand Corporation an Zukunftsstudien gearbeitet und
zog sein eigenes Unternehmen – The Futures Group – zur
Beratung einer großen Zahl von Gesellschaften heran.

Gordon und seine »Boston Group« – darunter
der Soziologe und Prognostiker Wendell Bell – begannen,
Zukunftsszenarios zu schreiben, in denen Menschen, hun-
derte Generationen in der Zukunft, in das Endlager eindringen würden. Wenn sie die Methoden des Eindringens
vorhersagen könnten, dann könnte warnende Monument
die Menschen vielleicht das daran hindern, dass das Szenario eintritt. Die Schöpfer des Monuments sahen ihre Aufgabe darin, vier Geboten zu folgen: Das Monument sollte
erhalten bleiben, es sollte verstanden werden, es sollte als
Warnung erkannt werden und die Warnung sollte beherzigt
werden. Die Szenaristen konzentrierten viele ihrer Vorstellungen auf Szenarios, bei denen das Monument überdauern

und sogar verstanden würde – doch man würde ihm nicht vertrauen.

Bell, der Soziologe und wichtigste Autor von vielen der Schlüsselszenarien, war am Ende des Zweiten Weltkrieges Marinepilot und im Pazifik stationiert. Entsetzt über die Brutalität, die er bei der Besetzung erlebt hatte, wandte er sich nach seinem Hochschulabschluss der Beratung noch unterentwickelter postkolonialer Staaten in der Karibik und anderswo zu, als diese ihre Zukunft zu planen begannen. In den 1960er Jahren in Yale spielte er eine aktive Rolle bei der Gründung eines afroamerikanischen Studienprogramms und der Öffnung der Universität für Frauen. Bells und Gordons Sympathie für die gesellschaftliche Liberalisierung erstreckte sich nicht auf erkenntnistheoretische Herausforderungen an die Wissenschaft. Sie und die anderen Mitglieder ihrer Gruppe erlebten Bewegungen – in ihrer gegenwärtigen Situation im Jahr 1989 –, die ihrer Ansicht nach die Autorität der Wissenschaft ablehnten.

Die Szenaristen der Waste Isolation Pilot Plant (WIPP) umrissen ihre Aufgabe folgendermaßen: »Welche gesellschaftlichen Bedingungen und welche Motivation des Einzelnen oder der Gruppe könnten zu einem Eindringen in das Endlager der WIPP führen [...]? Wir wollen alle Dinge beachten, so dass die Markierungsteams umfassend Markierungsmethoden entwickeln können [...] Das Undenkbare zu denken ist Teil unserer Aufgabe.« Die Szenarios gingen auf Kahn zurück. Sogar die Wendung »das Undenkbare denken« (»thinking the unthinkable«) ließ Atomkriegsszenarios anklingen – es war, wie wir gesehen haben, der Titel eines von Kahns meistdiskutierten Büchern, in dem er erstmals die Idee, Szenarios zu schreiben, bekannt gemacht hat. Und ebenfalls wie Kahn betonten die Autoren, dass ihre Träumereien von derzeitig erkennbaren Trends und Tendenzen abgeleitet waren. »Die Szenarien könnten

jedoch weniger undenkbar sein als sie zunächst scheinen.
Jedes Szenario basiert auf Entwicklungen, für die bereits
Vorgänger existieren, von der feministischen Theorie und
post-/(und anti-)positivistischen Überzeugungen bis hin zu
rudimentärer künstlicher Intelligenz, Computer›viren‹ und
Raumfahrt. Die vorgegebenen Bezüge sind echt und verweisen auf Vorgänger.«[11]

Die »Punkt-Szenarios« der Boston Group waren
nicht die einzigen, noch waren solche Geschichten die
einzige Form der Prognostik – es gab auch quantitative
Simulationen. Doch zusammengenommen bilden die zehn
Geschichten des Boston-Teams (die 2091 v. Chr. im
Südwesten beginnen und bis zum 13. Jahrtausend reichen)
eine Art übergreifende Skizze der Art von Ängsten, die
die staatlich geförderten Prognostiker umtrieben, als sie
die kulturelle Landschaft begutachteten. Jedes Szenario
gründete auf aktuellen Trends und trieb sie bis zu einer
wilden asymptotischen Grenze. Jedes (oder besser gesagt
alle außer einem) endete mit der katastrophalen Frei-
setzung von radioaktiver Strahlung. Und jedes Szenario
beinhaltete eine Art narrative Besonderheit: »Diese Szenarios sind ziemlich detailliert. Als solche beinhalten sie
spezifische imaginierte Ereignisse oder Menschen. Das
schränkt nicht zwingend den Nutzen dieser Szenarios ein.
Die Spezifität ist nützlich, um der Szenerie ein Gefühl von
Glaubwürdigkeit zu verleihen.«[12]

Die Autoren benannten ihr erstes Szenario, erstaunlich genug die *allererste* gelistete Bedrohung, »A Feminist World, 2091«. »Men and their violent acts had nearly
destroyed human civilazation« (»Eine feministische Welt,
2091«. »Männer und ihre Gewaltakte hatten beinahe die
menschliche Zivilisation zerstört«). Frauen entscheiden
sich bewusst dafür, mehr Mädchen als Jungen auf die Welt
zu bringen, und die mit dem maskulinistischen Denken

verbundenen Werte, die von »abstraktem und analytisch-
em Denken« bis hin zu »Quantifizierung, Objektivität,
Universalität, Dominanz, Unterdrückung und technischer
Manipulation« rangieren, gerieten in Verruf. Unter Beru-
fung auf Roslyn Bologhs 1990 veröffentlichte Arbeit *Love
or Greatness: Max Weber and Masculine Thinking, a Feminist Inquiry*,
Sandra Hardings 1986 erschienenes Buch *The Science Question in Feminism* und Linda Nicholsons Publikation *Feminism/
Postmodernism* aus dem Jahr 1989 vermutete, fürchtete
und prophezeite die Boston Group, dass eine Vorliebe
für »emanzipatorische Theoriebildung, Eros, Natur, Ei-
gentümlichkeit, die Entwicklung von Selbstbewusstsein,
Interpretationismus und ethische Entscheidungsfindung«
die älteren Formen instrumentalen Denkens übertrumpfen
könnte. In den nächsten hundert Jahren, so folgerte das
Karikatur-Szenario, könnten diese Trends triumphieren und
ein »Feministisch-alternatives Kali-Unternehmen« könnte
die Markierungen sehen, die Markierungen verstehen und
ihnen nicht vertrauen. »Sie gingen dazu über, nach Kali
zu graben, das sie dort zu finden glaubten, gerieten dabei
versehentlich in einen Lagerraum und setzten Radionuklide
in die Umgebung frei.«[13]
    Wenn feministische Epistemologen die erste Bedro-
hung waren, lief eine zweite hundertjährige Gefahr, die von
Historikern und Wissenschaftsphilosophen (zusammen mit
anderen Akademikern) in Umlauf gesetzt wurde, Amok.
Eine Sekte, die als Markuhnians bekannt wurde (basierend
auf Herbert Marcuses 1964 erschienenem Buch *One-Dimensional Man* in Kombination mit Thomas S. Kuhns *Structure of
Scientific Revolutions* von 1962), hatte den Glauben an die
Forderungen der »positivistischen Wissenschaft« verloren.
Gestützt durch grundlegende Texte von Paul Feyerabend
(*Against Method: Outline of an Anarchistic Theory of Knowledge*),
Imre Lakatos (*The Problem of Inductive Logic*, 1968) und

anderen hielt die religiöse Bewegung an der Idee fest,
dass die Schilderung der Realität lediglich »von jemandes
Perspektive, Interessen, gesellschaftlicher Stellung sowie
früheren Vorstellungen und Werten« abhänge. Subjek-
tivisten und Relativisten durch und durch, erhoben die
Markuhnians »ihre frühen Auffassungen von Intuition und
Erkenntnis« als Methoden, die Welt zu erkennen, zum Gott
und tadelten die etablierte Wissenschaft für die desaströsen
Folgen von Nuklearwaffen, der unverantwortlichen Beseiti-
gung von nuklearen Abfällen, der Atomkraft und anderer
verheerender, gefährlicher Auswüchse industrieller Groß-
forschung wie etwa des ehemals geplanten Teilchenbe-
schleunigers Superconducting Super Collider. Im Glauben,
dass in dem Gebiet Buchrollen mit Offenbarungsliteratur
verbrannt worden seien, leitete ein Sektenführer nach dem
Vorbild von James Jones, der seine Anhänger zum Mas-
senselbstmord angestiftet hatte, eine Grabung; diese nahm
ein tragisches Ende, als ein Geysir mit radioaktivem Salz-
wasser aus dem alten Atommülllager hervorbrach.[14]
    So geschahen die Szenarios – Apokalypse, Spezi-
fizität, Karikatur. Es gab das Szenario »Buried Treasure«,
in dem mexikanische Glücksjäger dachten, die Markierungen würden Schätze anzeigen. Es gab das Szenario »Virus
Impairs Computerized People«, wo Roboter jenseits ihrer
programmierten Zuständigkeit agierten. Und da war ein
japanisches Autowerk in Roswell, New Mexico. In diesen
Albträumen im Wachzustand versammeln sich die Ge-
fahren, die man in diesem letzten Jahr des Kalten Krieges
verspürte – Immigration, Feministen, Wissenschaftskriege,
Auslandsökonomien, Technik, die außer Kontrolle gerät.
Es gab eine und nur eine rettende Geschichte – Bell wollte
sie einbeziehen, selbst wenn ihre Instruktionen nur auf die
Arten von Misserfolg abzielten. Als einzig wahres filmreifes
Ende hatte die Regierung klugerweise einen Freizeitpark

über dem Endlager errichtet, so dass die von Generation zu Generation weitergegebene Erinnerung erhalten bleiben konnte, selbst wenn Gestein in den Müll bröckelte. Eine mit Bedacht geschaffene mythische Figur namens Nickey Nuke (deren Vorbild eine Mischung aus Mickey Mouse, Smokey the Bear und Adam und Eva ist) sollte auf ewig jede Kindergeneration erfolgreich warnen: Grabt nicht hier. Vergesst niemals die Gefahr, die darunter lauert.

In einem Interview sagte Ted Gordon, dass das Szenario ein dem Film entlehnter Begriff sei, der für die kurze Schilderung einer Handlung steht. Obwohl seine Etymologie uns zurück ins 15. Jahrhundert führt, ist die moderne Konnotation sehr stark in der Mitte des 20. Jahrhunderts anzusiedeln. Die Szenarios haben in ihrer Darstellung etwas Katastrophales, so wie sie sich darstellen. Etwas von ihrer in der nahen Vergangenheit erfolgten Neuschaffung der Nuklearkatastrophe macht aus ihnen Vakuumgeschichten, spezifisch in einigen Wegen und doch ausgehöhlt. Deshalb haben vielleicht in Japan so viele Menschen die am beeindruckendste Schilderung von Hiroshima nicht in den Worten von Schriftstellern wie John Hershey entdeckt, sondern in den Bildern des japanischen Comicautor Keiji Nakazawa, der den Atombombenabwurf auf Hiroshima als Kind erlebt hat. Nakazawas Bilder in seinem Comic *I Saw It* aus dem Jahr 1972 sind alles andere als fotorealistisch.[15] Das moderne Zukunftsszenario entstand aus der Nuklearkatastrophe heraus und blieb in gewissem Sinne auch in deren Schatten, selbst wenn das Szenario sich auf von Shell imaginierte wirtschaftliche Turbulenzen oder auf ein mögliches Eindringen in Atommülllager in den nächsten tausend Jahren ausdehnte. Hier war der Staat Science Fiction.

Meine Arbeit mit Robb Moss für unseren Film *Containment* (2015) und die Installation *Landscapes of Stopped Time* (2015) beschäftigt sich mit der von Kernmaterialien

ausgelösten Unterbrechung der Zeit. Plötzlich trifft das
300 Jahre alte Familienheim einer Namie-Familie in der
Präfektur Fukushima auf die sogar noch langsamere Halbwertszeit von Radioisotopen. Diese maßstabslosen Zeiten
verfolgen technische Experten und gewöhnliche Bürger, die
in der Nähe von kontaminierten Zonen leben – als eine
junge Frau aus der Nähe von Fukushima durch ihre verlassene Stadt geht, sagt sie in der Installation wie auch im
Film »This is what it is like for time to stop« (»Es ist, als
wäre die Zeit stehengeblieben«).

Doch die vielleicht größte Herausforderung, der
Robb Moss und ich uns beim Drehen dieses Films stellen
mussten, bestand darin, wie man diese seltsame, moderne
Form der Szenario-Schilderung erfassen konnte. Für geplan
te Monumente konnten wir mit unserem 3D-Animator Da
vid Lobser die tatsächlichen Entwürfe erweitern, die Planer
für die künftige Lagerstätte entwickelt hatten. Doch Szenarios widersetzen sich traditioneller, kontinuierlich bewegter
Animation und sogar noch stärker der Liveschilderung.
In der fragmentierten Blitzlichtrealität des Szenarios wird
die vollständige Struktur zurückgehalten, kurze, flüchtige
Eindrücke sind alles, was wir bekommen – eine komplett
realisierte Darstellung in Raum oder Zeit würde die ganze
Idee von dieser bedingten Zukunft absolut verzerren.

Wie war also mit diesem Film zu verfahren? Nach
vielem Experimentieren schien es hier weit besser, eine
Kunstform zu finden, die genauso viel zurückhielt wie sie
preisgab – die Comicserie. In Zusammenarbeit mit dem
Comiczeichner Peter Kuper, dessen Metamorphosis (2004)
den richtigen Ton zu treffen schien, begann ein langes Auf
und Ab, das in den 2D-Phasenbildern kulminierte, die die
Szenarien vom Eindringen in Atommülllager seit 1989
zusammensetzten.

Unser Ziel in dem Film ist, drei Filmarten zu

verbinden, von denen sich jede mit den durch lange Halbwertszeiten vorgegebenen Zeitmaßen beschäftigt: Empirik (von Arbeit und Leben rund um drei Stätten, wo radioaktive Isotope eine große Rolle spielen), Analytik (rund um Interviews mit Schlüsselfiguren) und die imaginäre Zukunft (durch diese verschiedenen Animationsarten geschildert). Unsere Arbeit handelt von unserer angespannten Überwachung von Raum und Zeit in einer Welt nahezu unendlicher Halbwertszeiten – und integriert diese.

Ich sollte noch eine letzte Anmerkung machen. Die Waste Isolation Pilot Plant in Carlsbad, New Mexico, sollte »sauber gebaut werden« und 10.000 Jahre »sauber bleiben« – bis mindestens 11991 Doch vielleicht brauchen wir ein anderes Szenario, oder vielleicht tausend kleine schmutzige, die es niemals bis zum großen apokalyptischen Drama schaffen. Am späten Valentinstag 2014 strömte durch ein Unglück unter Tage transuranischer Staub aus dem Salzbergwerk, so dass bei einigen Bergwerksarbeitern eine kleine, aber messbare radioaktive Dosis festzustellen war. Manchmal kann man sich unsere Welt im Hier und Jetzt kaum ausmalen, die weit entfernt von den dunklen und grenzenlos überzeichneten Freuden der unendlichen Zukunft ist. Doch wir müssen.

Anmerkung:
Teile dieses Textes stammen aus Peter Galison, The Future of Scenarios: State Science Fiction, in: Bolette Blaagaard/Iris van der Tuin (Hrsg.), *The Subject of Rosi Braidotti: Politics and Concepts*, Bloomsbury 2014, Kap. 3.
Bildlegende:
Die zwei Abbildungen oben: Spike Fields, Bild aus: Galison und Moss, *Containment* (2015) und *Landscape of Stopped Time* (2015) – Einzelbild aus einer Maya 3D Film-Animation, David Lobser; 2D-Grafik, Peter Kupfer.

NOTES

[1] F.H. Clauser, »Preliminary Design of An Experimental, World-Circling Spaceship«, Rand Corporation Report, 2. Mai 1946.

[2] Herman Kahn/Irwin Mann, »War Gaming«, Rand Corporation Report, P–1167, 30. Juli 1957; Hermann Kahn, *On Thermonuclear War*, Princeton 1960; siehe auch die bemerkenswerte Studie zu Kahn: Sharon Ghamari-Tabrizi, *The Worlds of Herman Kahn: the Intuitive Science of Thermonuclear War*, Cambridge 2005.

[3] Herman Kahn, *Thinking about the Unthinkable*, Princeton 1962, S. 143: »A scenario results from an attempt to describe in more or less detail come hypothetical sequence of events. [...] The scenario is particularly suited to dealing with several aspects of a problem more or less simultaneously [helping us] get a feel for events and the branching points dependent upon critical choices«. Zu früheren Prognosen – aus der Wirtschaftslehre, siehe Walter A. Friedman, *Fortune Tellers: The Story of America's First Economic Forecasters*, Princeton 2014.

[4] Herman Kahn, Thinking about the Unthinkable, Princeton 1962, Zitat S. 143, die fünf Vorteile S. 144.

[5] Herman Kahn, *Thinking about the Unthinkable*, Princeton 1962, S. 152.

[6] Herman Kahn, *Thinking about the Unthinkable*, Princeton 1962, S. 159.

[7] Herman Kahn, *Thinking about the Unthinkable*, Princeton 1962, S. 172–173.

[8] Herman Kahn, *On Escalation: Metaphors and Scenarios*, New Brunswick, NJ 2010, zum Beispiel S. 34 ff.

[9] Pierre Wack, Scenarios: Uncharted Waters Ahead, in: *Harvard Business Review*, September–Oktober 1985; Pierre Wack, *Scenarios: Shooting the Rapids*, in: Harvard Business Review, November–Dezember 1985. Zu kaufmännischen Szenarien siehe auch Kees van der Heijden, Scenarios. *The Art of Strategic Conversation*, 2. Aufl., West Sussex, UK 2005.

[10] http://www.shell.com/global/future-energy/scenarios/2050/acc-version-flash/2050.html

[11] Stephen C. Hora/Detlof von Winterfeldt/Kathleen M. Trauth, Expert Judgment on Inadvertent Human Intrusion into the Waste Isolation Pilot Plant, in: Sandia Report SAND–90–3063, 1991, C–38: »What social conditions and individual or group motivation might result in penetration into the WIPP repository [...]? Let all things be considered so that the marker teams can comprehensively devise ways of marking [...] Thinking the unthinkable is part of our task. [...] The scenarios, however, may be less unthinkable than they first appear. Each is based on developments for which precursors already exist, from feminist theory and post-/ (and anti-) positivist beliefs to rudimentary artificial intelligence, computer ›viruses‹ and space travel. The references given are genuine and point to such precursors.«

[12] SAND–90, S. C–38, 39: »These scenarios are quite detailed. As such they contain specific, imagined events or people. This does not necessarily limit the usefulness of these scenarios. The specificity is useful to give a sense of credibility to the setting.«

[13] SAND–90, S. C–39, 40: »They proceeded to mine for the potash that they believe to be there, inadvertently penetrating a disposal room and releasing radionuclides into the accessible environment.«

[14] SAND–90, S. C–42–44, Zitat auf S. C–43, C–44.

[15] Zu Keiji Nakazawa siehe die bemerkenswerte Publikation von Hillary Chute, *Disaster Drawn: Visual Witness, Comics, and the Documentary Form*, Cambridge 2015.

Four Fold

Ein Drehbuch hin zu einer Performance

Sam Keogh

Meine Mutter stört sich an der Präsentation des Gebelein Man in Form einer »virtuellen Autopsie« im British Museum. Sein echter Körper befindet sich im gleichen Raum in einer Vitrine, umgeben von alten Gefäßen in einer Fiberglasnachbildung der Grube, in der er gefunden wurde. Die Vitrine steht am Boden, sie ist auf allen Seiten verglast und besitzt eine verspiegelte Decke, die beste Sicht auf seine gespannte gelbe Haut bietet, die in dem ständig trockenen Wüstensand Ägyptens über 6.000 Jahre ausgedörrt ist. Er ist nicht einbalsamiert und somit nackt. Mit seiner Embryonalhaltung scheint er sich unter den Augen von sechs Millionen Besuchern, die jedes Jahr ins British Museum kommen, niederzukauern.

Doch das war es nicht, was meine Mutter störte. Neben dem Körper, neben seinen nunmehr geschrumpften, 6.000 Jahre alten Überresten, neben dem Leichnam mit seiner gefleckten Lederhaut, die über die Höcker seiner Wirbelsäule gezogen ist, und dem gerade noch erkennbaren Gesichtsausdruck hinter einem zähen Knoten verkrümmter Finger befindet sich ein großer Touchscreen, der in einem Winkel aus der Wand hervorragt. Eine eindrucksvoll detaillierte CGI-Darstellung des Gebelein Man fließt vor einem schwarzen Hintergrund über den Bildschirm **(CT bedeutet Computertomographie. Das Wort Tomographie leitet sich von dem altgriechischen τόμος tomos, »Schnitt, Sektion« und γράφω graphō, »schreiben«, ab. Eine Computertomographie ist dann also eine Computeraufzeichnung mittels Schnitten. Während ein Körper langsam in die große weiße Plastikröhre des CT-Scanners geschoben wird, dreht sich eine Strahlungsquelle schnell um diesen herum und macht dabei tausende Schnittbilder von seiner Form, wie bei einem Brotlaib, der in Scheiben geschnitten wird. Die 3D-Bildverarbeitungssoftware setzt aus diesen Schnittbildern wieder die Form eines Körpers zusammen, so dass ein Bild entsteht, das dicht gefüllt mit Information** ist. Dieses Bild-Objekt kann durchschnitten werden, so dass man Querschnitte seiner einzelnen Teile sehen kann. Blutende Organe, geschwollene Arterien und Tumoren werden sichtbar; verwundete innere Organe, Gefäßdurchfluss und Knochenhaarrisse können ermittelt werden, ohne dass ein operativer Eingriff nötig ist. Bei einigen Mumien stellt eine CT-Schichtaufnahme die einzige Möglichkeit dar, in ihr Inneres zu blicken, weil eine Untersuchung des Körpers zur irreparablen Zerstörung ihrer bereits empfindlichen Überreste führen könnte. Dieses Bild enthält mehr lesbare Information als das Objekt selbst. Der Körper der Mumie wird durch seine eigene Darstellung offengelegt.) und bietet eine Verbindung zum Bild des Leichnams, die den Besuchern erlaubt, den Körper um zwei Achsen zu drehen und in seine Oberfläche zu schneiden. Schnittbilder werden sichtbar. Schichten von Haut, Muskeln und Sehnen werden bis auf den Knochen abgetragen und noch weiter am Knochen vorbei bis ins Schwarze darunter.

Meine Mutter betrachtet drei Jungen, die um den Bildschirm kauern. Sechs Hände (Eine mit einem blauen Latexhandschuh bedeckte Hand hält eine perfekt erhaltene Hand des Old-Croghan-Mannes. Er war ähnlich zu Tode gekommen, ihm waren drei tödliche Wunden zugefügt worden, damit drei unterschiedliche Götter zum Preis eines Todes beschwichtigt werden konnten: der dreifache Tod. Man hatte ihn dann ins Moor geworfen (Langsam sank er auf den Grund des Moores. Der Grund war nicht weiter bestimmt. Er gehörte zu einem Becken, wo Schlammwasser zu einem wässrigen Morast wird. Eine Brühe aus Torf, Moos und Kälte irgendwo auf dem weiten Grund. Das Wasser fließt ab oder wird durch dichteren Schlamm ersetzt, aus dem Moor wird, das dann mit Wasser gesättigt wird, bis wieder Schlamm daraus geworden ist und sich wieder in ein schwarzes Becken verwandelt – ein schwarzer Raum von einer langsam sich verändernden Konsistenz.) in der heutigen Grafschaft Offaly, wo er 2.000 Jahre lang lag, bis ein Torfstecher ihn 2003 fand. Ihm fehlen der Kopf und der Unterkörper. Das saure Wasser im Moor extrahierte Mineralien aus den Knochen, so dass sie wie Gummi wurden, und färbte seine Haut in ein tiefes Rotbraun wie makellos gegerbtes Leder. Die Gummiknochen und die Lederhaut wurden von tausenden Tonnen schwarzen Torfs niedergedrückt. 2.000 Jahre lang hatte das Moor den Körper in seiner Gewalt, zog ihn hinunter in die zweite Dimension. Nun im National Museum of Ireland gefriergetrocknet und in einer klimaregulierten Vitrine aufbewahrt, sieht der Old-Croghan-Man wie eine abgeschnittene Lederjacke mit zwei perfekten Handschuhen aus, die an die Enden der Ärmel genäht sind. Doch die Hände hier weisen Gesten auf. Sie lassen den Körper entspannt oder schlafend wirken. Durch den erstarrten, eingefallenen Brustkorb und die Arme erscheinen die geschwollenen Hände im Gegensatz dazu lebendig, doch es ist die teilnahmslose Ruhe der Hände, die bei dem leblosen Körper hervorsticht. Diese Hände erwidern den Blick des Betrachters durch eine gleichgültige Geste. Dieser Ausdruck wird durch das Fehlen des Kopfes hervorgerufen.) betasten den Leichnam, legen seine Knochen immer wieder frei und bedecken sie mit Haut und legen sie wieder frei, werfen ihn in dem dunklen Raum umher, durchschneiden seine ganze Form vertikal und horizontal und schichten auf magische Weise Querschnitte zurück auf die perfekten Wunden, um ihn so wieder zu einem Ganzen zusammenzufügen. Ihre Hände kümmern sich nicht um den Tod. Der jüngste ist sechs Jahre alt (Meine Mama machte mir ein Turtles-Kostüm zu meinen sechsten Geburtstag. Es bestand aus einem grünen Trainingsanzug mit einem gelben Flicken, der auf den Bauch geklebt war; ich trug eine Raphael-Maske aus Plastik, die sie bei Hallmark in der Hauptstraße von Bray gekauft hatte. Das Beste an dem Kostüm war sein Panzer. Meine Mama hatte ihn aus grünem Filz und Kissenfüllmaterial gemacht. Er hatte Gurte wie ein Rucksack, damit er an seinem Platz blieb.

(Sir David Attenborough trägt Chinohosen, ein blaues, ärmelloses T-Shirt und vernünftige, strapazierfähige Schuhe mit einer guten Sohle. Sir David hat ein ungewöhnliches Zusammentreffen mit dem weltweit seltensten lebenden Tier, der letzten überlebenden Galapagos-Schildkröte, (Teenage Mutant Ninja Turtles + George Bataille: Schildkröten sind Mutanten – Abweichungen von der Natur; sie leben im Abwasserkanal, ihr Gebieter ist eine Ratte – niederer Materialismus – niedriger als niedrig – Skatologie – Heterologie; ihre Feinde leben in der »Dimension X« im Technodrom, einer riesigen Metallkugel mit einem einzelnen Augapfel obenauf – Das Auge; der Anführer der Schurken ist Krang, ein sprechendes Gehirn, das im Bauch eines Automaten lebt – dem Acephalus; Krang befehligt den Shredder, einen Mann, der einen mit Messern übersäten Panzer trägt – Lingchi (Tod durch 1.000 Schnitte); er steht einer Armee von Ninja vor, den »Fußsoldaten«, deren Symbol der Fuß ist – Der Große Zeh; TMNTs sind Jungen – Bataille ist ein Junge.) »Lonesome George«, dem »einsamen George«. Sir David erzählt uns, wie die Galapagos-Schildkröte ausgestorben ist. Er berichtet, dass Schiffe zu der Insel kamen und die Besatzung die Schildkröten an Bord nahm, um sie zu essen. Die Schildkröten können bis zu einem Jahr lang ohne Nahrung überleben, deshalb wurden sie wie Tonnen von Fleisch betrachtet, das nicht schlecht wurde. Lonesome George war 102 Jahre alt, als er starb. Es ist, als wäre er in seine eigene Haut gehüllt, als wäre er ausgenommen und auseinandergezogen, in der Sonne getrocknet worden, bevor er aus seinen immer noch alten Knochen ausgehängt wurde. Er bewegt sich in einem ruckartig greisen Trott, als wäre er immer schon ein alter Mann gewesen. Ein Mensch gab ihm den Namen George, ein alter Witwer namens George, der letzte George auf Erden, der letzte lebende George. Sein Panzer hält ihn zusammen. Als er 2012 starb, war er 102 Jahre alt. Sein Körper wurde ins American Natural History Museum in New York geschickt, und man baute ein anatomisch genaues Modell, auf das seine Haut genäht wurde. Die Arbeit dauerte sechs Monate länger als erwartet, weil sein Körper nicht austrocknete. Zur Konservierung mussten seine Haut und sein Panzer gegerbt werden, und zum Gerben mussten sie getrocknet sein. Sein Panzer war wie eine Honigwabe, mit winzigen öligen Löchern, undurchlässig für die fettlösenden Chemikalien, in die er getaucht worden war. Es dauerte sechs Monate, bis sein Panzer zu fetten aufhörte. Nach Monaten in einem eigens dafür errichteten Trockenzelt war sein Körper dann so weit, dass er ausgestopft werden konnte. Seine Haut wurde besprüht, seine Nase lackiert, seine Augenhöhlen mit maßgefertigten Glaskugeln gefüllt.)) und hält einen Lutscher in der Hand. Seine Hand ist klebrig. Er reibt die klebrige Hand über die Glasoberfläche. Seine klebrige plumpe Hand bewegt den Leichnam über den Touchscreen, als er zu seiner eigenen Mutter blickt; seine Hand bewegt sich ziellos über das Glas. Weil die Hände seines Bruders den Körper bewegen, bewegt er ihn ebenfalls mit, hilft den Händen seines Bruders oder beteiligt sich zumindest an ihrem Spiel. Neben dem Kind wird dieses wirre Agieren in Echtzeit auf einem viel größeren Bildschirm gezeigt. Der Körper dreht sich unregelmäßig in dem digitalen schwarzen Raum, seine Schichten erscheinen und lösen sich wieder auf, ohne irgendeine Logik. Die Hände, die für diese Darstellung verantwortlich sind, die meine Mutter so stört, sind unschuldig; glückselig frei von Trennung oder Bruch oder Respekt.

Der große Bildschirm mit dem sich drehenden Körper gilt der Menge als Vergnügen, die darauf wartet, an den Touchscreen zu gelangen. Die Menge rund um das Display zur virtuellen Autopsie besteht aus vier Menschenreihen – und ist damit viel dichter als die Menge, die sich um das eigentliche Artefakt drängt. Die Leute tragen North-Face-Jacken, Shirts, Regenmäntel, Schals. Einige haben Taschen, und sie bedauern es, sie nicht an der Garderobe gelassen zu haben. Einige haben zusammengeklappte Selfie-Sticks, die man nicht mehr im Museum benutzen darf. Doch es ist zu warm im Museum für so viele Taschen und Kleider. Es herrscht geschäftiges Treiben und alle schwitzen.

Meine Mutter steht vorne bei der Menge und ich mache ein Foto von ihr, wie sie auf den großen Bildschirm blickt, wo das sich drehende Bild des Leichnams zu sehen ist. Ihr Gesichtsausdruck ist beunruhigt. Sie hält ihre Brille in der Hand und schaut stirnrunzelnd auf das zuckende Bild. Meine Mutter blickt auf den Bildschirm und dann auf die Jungen, auf ihre Hände, dann auf ihre Mütter und wendet sich dann wieder dem Bild des Gebelein Man zu.

Das ist nur ein Bild, sage ich zu meiner Mutter, und daneben ist der Körper, den es darstellt, ebenfalls präsentiert, genau vor dem Bildschirm. (**Als Teenager** (Als Teenager sah ich die

Szene in dem Film Aliens, wo Bishop von der Alien-Königin getötet wird. Sie spießt ihn auf ihren Schweif auf, hebt ihn vom Boden hoch und schneidet ihn in der Mitte in zwei Teile. Die Synthetischen sind Androide und es fließt weiße Latexmilch anstelle von Blut in ihren Adern. Diese weiße Flüssigkeit strömt aus Bishops Mund, Nase und Wunden heraus, bis er auf den Boden des Raumschiffs Sulaco geschleudert wird wie ein Plastikbeutel voller Mayonnaise.) versuchte ich, ein Foto von einer der Moorleichen im National Museum of Ireland zu machen. Der Baronstown West Man war in der Dauerausstellung in einer von vielen Vitrinen zu sehen. Als ich meine Digitalkamera hochhob, näherte sich ein Wärter. Er warnte mich in einem Dubliner Akzent, den Leichnam zu fotografieren. Was er sagte, war unhöflich. Doch er erlaubte mir, ihn zu zeichnen. Verlegen entschuldigte ich mich sofort und skizzierte stattdessen den Körper mit einem Stift. Beim Zeichnen kam mir in den Sinn, dass der 4.000 Jahre alte Körper nicht gewusst hätte, was eine Kamera war. Er hätte den Unterschied zwischen einer Zeichnung und einer Fotografie nicht verstanden. Er hätte nicht gewusst, dass er in einem Glasgehäuse ausgestellt würde, in dem die Temperatur, Luftfeuchtigkeit und der Luftdruck gesteuert wären. Ich überlegte mir, wessen Kamera nicht respektvoll war. Und außerdem war der Körper flach und trocken. Es war kein Körper, es war ein Bild eines Körpers in der Form eines Körpers. Es war ein fast flaches Relief eines Körpers, ein Paar Lederhosen, die man abgelegt und flach hingelegt hatte, riesige Stücke von All-Bran Kellogs für Knochen; gerade noch sichtbar, braun und gewellt.) Der reale, tatsächlich exhumierte, getrocknete, entweihte Leichnam ist neben dem Display zur virtuellen Autopsie ausgestellt. Ich sage meiner Mutter, dass es nur ein Bild eines Körpers ist; die Art von Respektlosigkeit dem 6.000 Jahre alten Leichnam gegenüber, über die sie die Stirn runzelt, wäre dem Mann zu seinen Lebzeiten unbegreiflich gewesen. Man stelle sich nur vor, man würde ihn um ein Bild bitten: Was ist ein Bild? Habe ich ein Bild?

ALBERTUS

In 10.000 Jahren mag dieses Buch vielleicht nicht mehr existieren, doch sein Cover und sein Titel könnten ein Verweis auf die Vergangenheit sein. Albertus wurde für das Projekt *Hall of Half-Life* ausgewählt, weil es auch ein Schrifttyp ist, der für Inschriften in Stein verwendet wurde. Das Setzen des Buches war so, als würde man einen Datums- oder Grabstein für *Hall of Half-Life* schaffen. Albertus ist eine glyphische Serifenschrift, die Berthold Wolpe in der Zeit zwischen 1932 und 1940 für die Schriftgießerei Monotype Corporation entworfen hat. Wolpe benannte die Schrift nach Albertus Magnus, dem berühmten deutschen Philosophen und Theologen des 13. Jahrhunderts. David Lynchs Film *Dune* verwendete ebenfalls diesen Schrifttyp, und genau wie er sehen auch wir ihn als Flaggschiff der Zukunft. Viele Jahre lang verwendete man die Schrift Albertus auch auf britischem Münzgeld.

LARA ALMARCEGUI

Lara Almarcegui, geboren 1972 in Zaragoza, lebt und arbeitet in Rotterdam. Sie untersucht häufig vernachlässigte oder nicht beachtete Stätten, katalogisiert und markiert sorgfältig jede Tendenz eines Standortes hin zur Entropie, so auch bei ihrem Projekt für den Spanischen Pavillon der 55. Biennale in Venedig. Von ihren jüngsten Ausstellung ist besonders die Manifesta IX im Jahr 2012 in Genk zu erwähnen, außerdem *Radical Nature* im Barbican Art Centre in London sowie ihre Beteiligung an den Biennalen von Shenzen (2009), von Athen (2009), Taipeh (2008), Gwangju (2008), Schardscha (2007), São Paolo (2006), Sevilla (2006) und Liverpool (2004). Sie hat an Institutionen wie der London School of Economics, der South California University, an der Fakultät für Architektur in Madrid, bei Creative Time in New York, am Institut für Kunst und Architektur in Wien und an der Tate Britain in London gelehrt.

STÉPHANE BÉNA HANLY

Stéphane Béna Hanly wurde 1990 in Dublin geboren und schloss 2013 sein Studium der Bildhauerei am National College of Art and Design in Dublin ab. Er lebt und arbeitet in Dublin, wo er an verschiedenen Einzel- und Gruppenprojekten beteiligt war, darunter auch mit Lee Welch an der Ausstellung *Once Upon a House* im IMMA (Irish Museum of Modern Art) sowie mit Basic Space zu Gast bei der 126 Gallery in Galway. Béna Hanly macht auch Performances, nimmt an der Nacht des gesprochenen Wortes mit dem Titel *Foaming at the Mouth* teil und hat in Zusammenarbeit mit James Moran eine experimentelle Komödie mit dem Titel *Atom Tick* geschrieben und aufgeführt. 2015 zeigte Stéphane Béna Hanly eine neue Arbeit am Project Arts Centre.

SIMON BOUDVIN

Der 1979 in Le Mans geborene Simon Boudvin lebt und arbeitet in Bagnolet. Er unterrichtet an der École Nationale Supérieure

d'Architecture Paris-Malaquais
und gehört zur Forschungsgruppe
an der École Supérieure d'Art de
Clermont. Sein Werk beschäftigt
sich mit der Zerrüttung und
Verödung der Alltagsbaukultur,
der er sich mit skrupulösem
wissenschaftlichem Interesse und
verschiedenen Formensprachen
nähert, die sich zwischen Fotografie,
technischer Zeichnung und Skulptur
bewegen. Seine Arbeiten wurden in
verschiedenen Kunstzentren gezeigt,
so etwa im CRAC (Centre Rhénan
d'Art Contemporain) Alsace in
Altkirch (Elsass), 2015, im Project
Arts Center in Dublin (2015), im
Centre d'Art contemporain d'Ivry
– le Crédac (2012), in Les Eglises in
Chelles (2011), im Form Content in
London (2008) sowie regelmäßig in
der Galerie Jean Brolly in Paris (2009,
2010, 2013, 2015).

GERARD BYRNE
Gerard Byrne hat seine Arbeiten bei
internationalen Biennalen präsentiert,
so etwa bei der Documenta 13, bei
der 54. Biennale in Venedig sowie
unter anderem in Sydney, Gwangju,
Lyon und Istanbul. Einzelausstellung
waren ihm in jüngster Zeit im
Kunstmuseum St. Gallen (2015), im
FRAC Pays de la Loire (2014), in
der Whitechapel Gallery (2013), im
IMMA in Dublin (2012) sowie in der
Renaissance Society in Chicago (2011)
gewidmet. 2007 repräsentierte
er Irland bei der 52. Biennale in
Venedig. 2006 wurde er mit dem
Paul Hamlyn-Preis ausgezeichnet.
Er wird von der Lisson Gallery in

London, von der Kerlin Gallery
in Dublin sowie von der Galerie
Nordenhake in Stockholm vertreten.
Seit 2007 ist er Professor an der
Königlich Dänischen Kunstakademie in
Kopenhagen.

REGINA DE MIGUEL
Regina de Miguel lebt und arbeitet
in Barcelona und Berlin. Ihre
Tätigkeit besteht aus klar umrissener
Forschung und bezieht sich häufig
auf wissenschaftliche Methodik
und Interpretation. Ihre Arbeiten
wurden jüngst in Einzelausstellungen
präsentiert, wie etwa *Ansible*,
Maisterravalbuena, Madrid (2015),
All knowledge is enveloped in darkness in
der Kunsthalle São Paolo (2014)
oder *Nouvelle Science Vague Fiction*
im Projektraum General Public in
Berlin (2011). Sie war auch in den
Ausstellungen *What It Is To Come
Has Already Arrived* im Museo de
Arte Contemporaneo de Castilla
(MUSAC) in León (2015), *Rencontres
Internationales Paris / Berlin / Madrid* im
Haus der Kulturen der Welt in Berlin
(2014) und im Palais de Tokyo in
Paris (2012) vertreten. Häufig nimmt
sie auch an Gruppendiskussionen und
Foren teil.

MIKALA DWYER
Mikala Dwyer lebt in Sydney.
Einzelausstellungen, die ihr in den
vergangenen Jahren gewidmet waren,
sind unter anderem: *Hollowwork* in der
Anna Schwartz Gallery, Melbourne
(2014), *Goldene Bend'er* im Australian
Centre for Contemporary Art
(ACCA) in Melbourne (2013),

Divinations for the Real Things in der
Roslyn Oxley9 Gallery in Sydney
(2012), *Panto Collapsar* im Project Arts
Centre in Dublin (2012) sowie *Drawing
Down the Moon* im Institute of Modern
Art in Brisbane (2012). Sie war
auch in den Ausstellungen *Magnetism*,
Hazelwood, Sligo, Irland (2014),
Future Primitive im Heide Museum of
Modern Art in Melbourne (2014),
You Imagine What You Desire im Rahmen
der Biennale von Sydney (2014) sowie
*The Beauty of Distance: Songs of Survival in
a Precarious Age*, ebenfalls im Rahmen
der Biennale von Sydney (2010)
vertreten. 2014 war sie Gastkuratorin
von *Primavera* im Museum of
Contemporary Art in Sydney.

GEOFFREY FARMER
Der 1967 geborene Geoffrey Farmer
lebt und arbeitet in Vancouver.
Jüngste Einzelausstellungen waren:
How Do I Fit This Ghost In My Mouth? in
der Vancouver Art Gallery (2015),
*Every Day Needs An Urgent Whistle Blown
Into It* in der Art Gallery of Ontario in
Toronto (2014), *The Grass and Banana
go for a walk* bei Catriona Jeffries
in Vancouver (2014), die vierte
Fortsetzung von *Hybrid Naples* (mit
Bettina Allamoda) in der Fondazione
Morra Greco in Neapel, *A Light in
the Moon* in der Mercer Union in
Toronto (2013) und *The Surgeon
and the Photographer* in The Curve,
Barbican Centre in London (2013).
Zu den letzten Gruppenausstellungen,
an denen er beteiligt war, gehören:
Below another sky in der Aberdeen Art
Gallery, *The Intellection of Lady Spider
House* in der Art Gallery of Alberta

in Edmonton (2013), die *Triennale der
Kleinplastik*, Stadt Fellbach (2013), *die
documenta 13* (2012), *Stage Presence* im
San Francisco Museum of Modern
Art (2012) sowie die 12. Biennale in
Istanbul (2011).

HARUN FAROCKI
Harun Farocki wurde 1944 in
Neutitschein (Nový Jičín) geboren,
einer Stadt in einem Gebiet der
Tschechischen Republik, das zur
damaligen Zeit von Deutschland
annektiert war, und ist 2014 in der
Nähe von Berlin verstorben. In über
100 Fernseh- und Filmproduktionen
hat Farocki – als langjähriger
Autor und Herausgeber des
Magazins *Filmkritik*, als Kurator und
Gastprofessor in Berkeley, Harvard
und Wien – seine Reflexionen über
das Verhältnis zwischen Gesellschaft,
Politik und Film vermittelt. Ihm
und seinen Filmen waren auch
Einzelausstellungen in der Tate
Modern in London, im Wiener
MUMOK (Museum Moderner Kunst),
im Jeu de Paume in Paris, im Museum
Ludwig in Köln, im Kunsthaus in
Bregenz und im Hamburger Bahnhof
in Berlin, gewidmet, um nur einige
von den vielen Ausstellungen zu
nennen. 1997 und 2007 hat
er an der documenta in Kassel
teilgenommen.

PETER GALISON & ROBB MOSS
Peter Galison ist theoretischer Physiker
und Wissenschaftshistoriker an der
Harvard University, wo er zu Einstein,
Atomwaffen und wissenschaftlicher
Visualisierung Schriften verfasst

hat. 2012 arbeitete er zusammen mit dem südafrikanischen Künstler William Kentridge an einer Multi-screen-Installation mit dem Titel *The Refusal of Time*. Robb Moss ist Professor am Harvard College und Leiter des Instituts für Visuelle und Umweltstudien. Sein Dokumentarfilm *The Same River Twice* wurde beim Sundance Filmfestival 2003 uraufgeführt und später für einen Independent Spirit Award nominiert. Zusammen produzierten sie den Film Secrecy, bei dem sie auch Regie führten; er beschäftigt sich mit nationaler Sicherheitsgeheimhaltung und Demokratie und hatte beim Sundance Filmfestival 2008 Premiere. *Containment* 2015 ist ihr zweiter gemeinsamer Film, aus dem die Installation *Landscapes of Stopped Time* hervorgegangen ist.

MIKHAIL KARIKIS

Mikhail Karikis ist ein griechisch-britischer Künstler, der in London lebt. Er macht umfassende audiovisuelle Installationen und Performances, die auf seiner langjährigen Beschäftigung mit Ton als skulpturhaftem Material und gesellschaftspolitischem Mittel basiert, das alternative Arten von Existenz und Aktion erkennen lässt. Karikis präsentiert seine Arbeiten auf internationalem Parkett, so etwa bei der 5. Biennale von Thessaloniki (2015), im Rahmen der Ausstellungen *Art in the Age of Energy and Raw Material* bei Witte de With in Rotterdam (2015) und Inside im Palais de Tokyo in Paris (2014–2015), bei der 19. Biennale von Sydney (2014), Mediacity Seoul (2014), im Rahmen der Schau *Aquatopia* in der TATE St. Ives & Nottingham Contemporary (2013–2014), bei der 2. Aichi Biennale in Nagoya (2013), bei der Manifesta 9 in Ghenk (2012) und im Dänischen Pavillon bei der 54. Biennale in Venedig (2011).

SAM KEOGH

Der 1985 geborene Künstler Sam Keogh lebt und arbeitet in London und Dublin. Als jüngste Einzelausstellungen von ihm sind zu nennen: *Four Fold* in der Douglas Hyde Gallery in Dublin (2015), *Mop* in der Kerlin Gallery in Dublin (2013) sowie *Terrestris* im Project Arts Centre ind Dublin (2010). Er hat in den letzten Jahren unter anderem an folgenden Gruppenausstellungen teilgenommen: *Something to be Scared of*, London AM (2015), *30 Years the Future* in der Castelfield Gallery in Manchester (2014), *Locomotion* im Store in London (2014), *The Line of Beauty* im IMMA in Dublin (2013), *How to Read World Literature* in The Public School in New York (2013), *Gracelands 2012:Circling the Square*, Limerick (2012) sowie *Eva International*, Limerick (2012).

JEAN-LUC MOULÈNE

Jean-Luc Moulène wurde 1955 geboren. Er lebt und arbeitet in Paris. Einzelausstellungen waren ihm in jüngerer Zeit in der Villa Medici in Rom (2015), im Kunstverein Hannover (2015), in der Extra City Kunsthal in Antwerpen (2013), im Beirut Art Center in Beirut (2013), im Modern Art Oxford (2012) und im Dia:Beacon in New York (2011) gewidmet. In den letzten Jahren hat Jean-Luc Moulène an verschiedenen Gruppenausstellungen teilgenommen, so etwa an *Slip of the Tongue* in der Punta della Dogana in Venedig (2015), *Inhabiting the World* im Rahmen der Busan Biennale in Korea (2014), *The way of the shovel: Art as archeology* im Museum of Contemporary Art in Chicago (2013), *In spite of it all* in der Sharjah Art Foundation in den Vereinigten Arabischen Emiraten (2012) und *Paris-Dehli-Bombay* im Centre Georges Pompidou in Paris (2011). Im Jahr 2016 wird das Centre Georges Pompidou eine umfassende Ausstellung seines Werkes zeigen.

LONNIE VAN BRUMMELEN UND
SIEBREN DE HAAN
Lonnie van Brummelen und Siebren de Haan arbeiten seit 2002 zusammen, sie machen Filminstallationen, Skulpturen und Collagen, die sich mit kulturellen und geopolitischen Landschaften beschäftigen. Zu diesen gehören *Grossraum* (2005), *Monument of Sugar – how to use artistic means to elude trade barriers* (2007), *Episode of the Sea* (2014), *Monument to Another Man's Fatherland* (2008) *sowie subi dura a rudibus* (2010). Die meisten ihrer Projekte sind mit einer umfassenden Feldforschung und langjährigen Zusammenarbeiten verbunden. Ihr Werk wurde jüngst im Yerba Buena Center for the Arts in San Francisco, in der Concordia Gallery in Montreal, in der Extra City Kunsthal in Antwerpen, im Project Arts Centre in Dublin, im Palais de Tokyo in Paris, im Stedelijk Museum in Amsterdam und bei den Biennalen von Gwangju und Shanghai gezeigt.

ULLA VON BRANDENBURG
Die Künstlerin Ulla von Brandenburg wurde 1974 in Karlsruhe, Deutschland, geboren und lebt und arbeitet in Paris. Demnächst wird sie bei der Biennale Performa 15 in New York sowie bei Ausstellungen im Australien Centre for Contemporary Art (ACCA) in Melbourne, in La Fondrerie Darling in Montréal sowie im Power Plant in Toronto vertreten sein. Größere Einzelausstellungen waren in der Vergangenheit *Wagon Wheel* im Contemporary Art Museum St. Louis (2015), *Innen ist nicht Außen* in der Secession in Wien (2013), *Neue Alte Welt* in The Common Guild in Glasgow (2011) sowie *Ulla von Brandenburg* in der Chisenhale Gallery in London (2009). An folgenden wichtigen Gruppenausstellungen war sie unter anderem beteiligt: *Accrochage* 3: *Pop & Musique* in der Fondation Louis Vuitton in Paris (2015), 19. Biennale von Sydney (2014), *Film as Sculpture* im WIELS in Brüssel (2013), *Tools for Conviviality* in The Power Plant in Toronto (2012), 11. Biennale von Lyon (2011), 53. Biennale von Venedig (2009); *The World as a Stage* in The Institute of Contemporary Art (ICA) in Boston (2008) und in der Tate Modern in London (2007) sowie *Performa 07* in New York (2007).

TESSA GIBLIN
(Kuratorin)
Tessa Giblin ist Kuratorin für
Bildende Kunst am Project Arts
Centre – einer Institution für Theater
und Bildende Kunst im Herzen von
Dublin, Irland. Dort hat sie unter
anderem Einzelausstellungen von
Clemens von Wedemeyer, Jesse
Jones, Mario Garcia Torres, David
Claerbout, Barbara Bloom, Sung
Hwan Kim und Sarah Browne sowie
Gruppenausstellungen wie etwa
Nonknowledge, *The Pre-history of the
Crisis 1&2*, *Blackboxing*, *Conjuring for
Beginners* und *Riddle of the Burial Grounds*
kuratiert. Für das Jahr 2016 bereitet
sie im Rahmen der Hundertjahrfeier
des irischen Osteraufstandes von
1916 ein Ausstellungsjahr unter dem
Titel REBELLION vor. Tessa Giblin
ist in Neuseeland geboren und
aufgewachsen.

Birgit Pelzmann
(Produktion / Assistenzkuratorin)
Birgit Pelzmann ist seit 2014
Produktionsleiterin und
Assistenzkuratorin für den steirischen
herbst wo sie an der von Luigi
Fassi und Stefano Collicelli Cagol
kuratierten Ausstellung *Forms of
Distancing. Repräsentative Politik und die
Politik der Repräsentation* mitgewirkt
hat. Davor hat sie als freiberufliche
Kulturarbeiterin, Produktionsleiterin
und Kuratorin in Graz und München
an unterschiedlichsten Projekten
und für zahlreiche Institutionen
gearbeitet. Sie war unter anderem
Casting director für Federico Léon's
Las Multitudes (steirischer herbst 2013),

Kuratorin des Ausstellungs- und
Rechercheprojekts DIS/PLAY/GROUND
(Platform3, München, 2012) und
hat für Camera Austria, Diagonale.
Festival des österreichischen Films
und das Universalmuseum Joanneum
gearbeitet.

ÅBÄKE
åbäke ist ein in London ansässiges
Designstudio, hinter dem Patrick
Lacey, Benjamin Reichen, Kajsa
Ståhl und Maki Suzuki stehen. Die
Absolventen des Royal College
of Art haben im Jahr 2000 ihre
Tätigkeit aufgenommen und zählen
Institutionen wie das British Council
und die Serpentine Gallery zu ihren
Kunden. Außerdem arbeiten sie
mit Modedesignern wie Hussein
Chalayan und Maison Martin
Margiela, Künstlern wie Ryan
Gander, Johanna Billing und Martino
Gamper sowie Bands wie A Camp,
Air und Daft Punk zusammen.
Åbäke ist Schwedisch und bezeichnet
ein großes, sperriges Objekt.
Das Kollektiv zeichnet auch für
Metadesignprojekte verantwortlich:
die dialogische digitale Plattform
Sexymachinery (2000–2008), die
relationalen Kochevents von *Trattoria*
(2003), das Publikationsprojekt *Dent-
De-Leone* (2009), die Werbung für
das imaginäre *Victoria & Alfred Museum*
(2010) und die Spionageagentur *Åffice
Suzuki* (2010).

AUSSTELLUNGSDETAILS

Die Ausstellung *Hall of Half-Life* sowie die Projekte
Saint Jude's Leftovers und *Wolken lösen sich in Wasser*
wurden produziert im Auftrag des steirischen
herbst 2015

Kuratorin: Tessa Giblin
Produktionsleitung und Assistenz Kuratorin: Birgit
Pelzmann
Installation: Firma Kohlbacher, Edelschrott; Karl
Leeb; Karl Masten, Mit Loidl Oder Co., Graz;
Eva Schmartschan; Martin Pelzmann; Hubert
Tiefengruber; Malerbetrieb Otto Url, Graz;
Wilfling Reklamebau, Graz

Danke an alle Unterstützer und Unterstützerinnen,
Partner und Partnerinnen und Produzenten und
Produzentinnen: Marie-Laure Gilles und Galerie
Chantal Crousel, Paris; Thomas Dane Gallery,
London; Caroline Doolin; Christoph Loidl,
Anna Schwinger + team; Chyld King; Culture
Ireland; Morris Deegan – Frame Foundry; Kajsa
Ståhl und åbäke; Luigi Fassi; Rosemary Giblin;
Kate Heffernan; Michael Hill und Douglas
Hyde Gallery, Dublin; Otto Hochreiter, Sibylle
Dienesch, Jürgen Ulrych, Johanna Grützbauch und
das ganze Team des GrazMuseum; Darragh Hogan
and Kerlin Gallery, Dublin; Janice Hough und
das Irish Museum of Modern Art; Aaron Kelly;
Kibii Foundation, Surinam; Declan Long; Nicki
Lutnik, Isi Rinner und ihren Deutschkurs; Galerie
Greta Meert, Brussels; Mihnea Mircan und Extra
City Kunsthal; Mondriaan Fund; Neasa O'Shea
Brady; Gerhard Samberger und Alexandra Janze;
Frank Smith; Dominic Turner – Exhibit A Studios;
Maisterra Valbuena, Madrid; Universalmuseum
Joanneum Graz, vor allem Ingomar Fritz, Barbara
Leikauf; Verein "Freunde des Radwerks IV",
Edwin Weigand;

Tessa Giblin bedankt sich herzlich bei allen
Künstlerinnen und Künstlern und ihren Galerien
und bei Birgit Pelzmann und Luigi Fassi. Weiterer
Dank an Cian O'Brien und das Team von Project
Arts Centre sowie ganz besonders an Aurélien
Froment.

steirischer herbst:
Intendantin und Geschäftsführerin: Veronica
Kaup-Hasler
Kaufmännische Leiterin: Agnes Wiesbauer
Leitender Dramaturg: Martin Baasch
Dramaturgie: Luigi Fassi, Flori Gugger, Gerda
Strobl, Petra Pölzl
Künstlerische Assistenz, Kooperationsprojekte
Bildende Kunst:
Johanna Rainer
Programmation Konferenz: Christiane Kühl
Kurator Soundtracks: Norman Palm
Leitung Produktion: Dominik Jutz
Gäste- und Produktionsbüro: Kathrin Lazarus
Produktion: Theresa Adamski, Elsa Chinese,
Michael Doubek,
Philipp Forthuber, Roland Gfrerer, Jakob
Schweighofer, Barbara
Thaler, Kirsten Patent
Produktionsleitung, Assistenz Kuratorin Bildende
Kunst: Birgit Pelzmann
Assistenz Produktion: Stefan Pfister
Technische Leitung: Karl Masten
Ausstellungsbetreuung Leoben: Andrea Gutmann,
Alexandra Hagemann
Fahrer: Bernd Birnbauer, Magdalena Gasser,
Christian Jalen,
Martin Rieger
Management: Sabine Reisner
Finanzabteilung: Anja Herman, Angelika Raffer
Office Management: Stefanie Lazarus
Assistenz Office: Georg Herzog, Maximilian
Mann, Thomas Ulma
Reinigung: Danica Radat
Leitung Kommunikation und Marketing: Andreas
R. Peternell
Kommunikation, Presse: Heide Oberegger
Kommunikation, Info- und Kartenbüro: Martina
Heil, Martina Preiner, Susanne Spörker
Assistenz Kommunikation: Bernd Buchmasser,
Katharina Wiesler, Lina Gärtner, Vesna Pajičić
Info- und Kartenbüro: Gudrun Becker, Lisa
Dreier, Anna Hartweger, Veronika Muchitsch,
Isabel Zalami
Runner: Stefan Markus Ogrizek, Heiko Ernstreiter
Kunstvermittlung: Elke Murlasits, Ulli Mayer,
Markus Boxler
Sponsoring: Christine Conrad-Eybesfeld
Assistenz Sponsoring: Ute Baumann
Im Gedenken an Floridus Kaiser

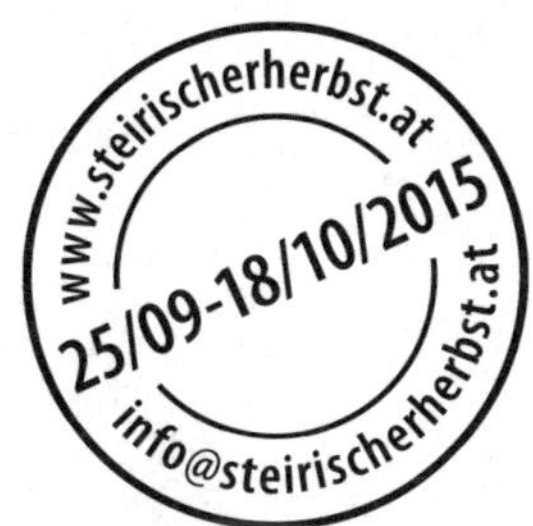

steirischer herbst festival gmbh
Sackstraße 17 / 8010 Graz / Austria
T: +43 316 823007
F: +43 316 82300777
www.steirischerherbst.at

FESTIVAL FÖRDERER:

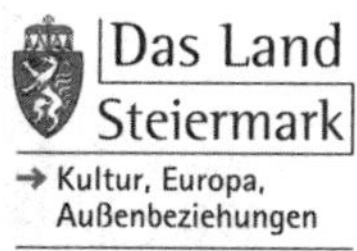

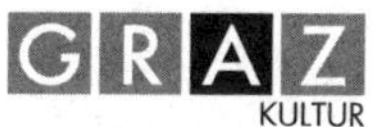

BUNDESKANZLERAMT ▪ ÖSTERREICH

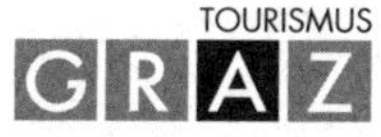

GENERALSPONSOR:

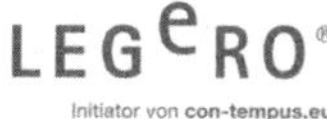

AUSSTELLUNGSFÖRDERER:

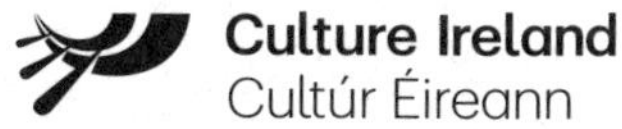

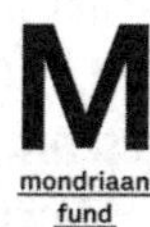

AUSSTELLUNGSSPONSOR:

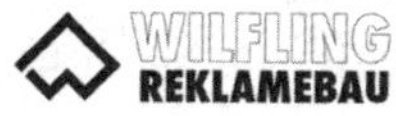

SPONSOR RADWERK III VORDERNBERG:

IN ZUSAMMENARBEIT MIT GRAZMUSEUM

»Jeder Raum ist gefüllt, jeder Zwischenraum
genutzt. Sogar Metall hat sich in die Zellen und
Kanäle eingeschlichen, wo schon lange kein Leben
mehr ist. Verdichtete und unempfindliche Materie
hat an ihrem letzten Zufluchtsort alles andere
verdrängt, hat dessen exakte Form übernommen,
ist in seine feinsten Kanäle geflossen, so dass sich
das allererste Bild für immer in das große Album
der Zeitalter eingeprägt hat. Der Schöpfer existiert
nicht mehr, doch jeder Schnörkel — Hinweis auf
ein anderes Wunder — bleibt erhalten, ist eine
unsterbliche Signatur.«

Text S. 128. Zitat aus Roger Callois, L'*écriture des pierres*, 1970,
übersetzt nach der englischen Übersetzung: *The Writing of Stones*,
University Press of Virginia 1985, S. 108.

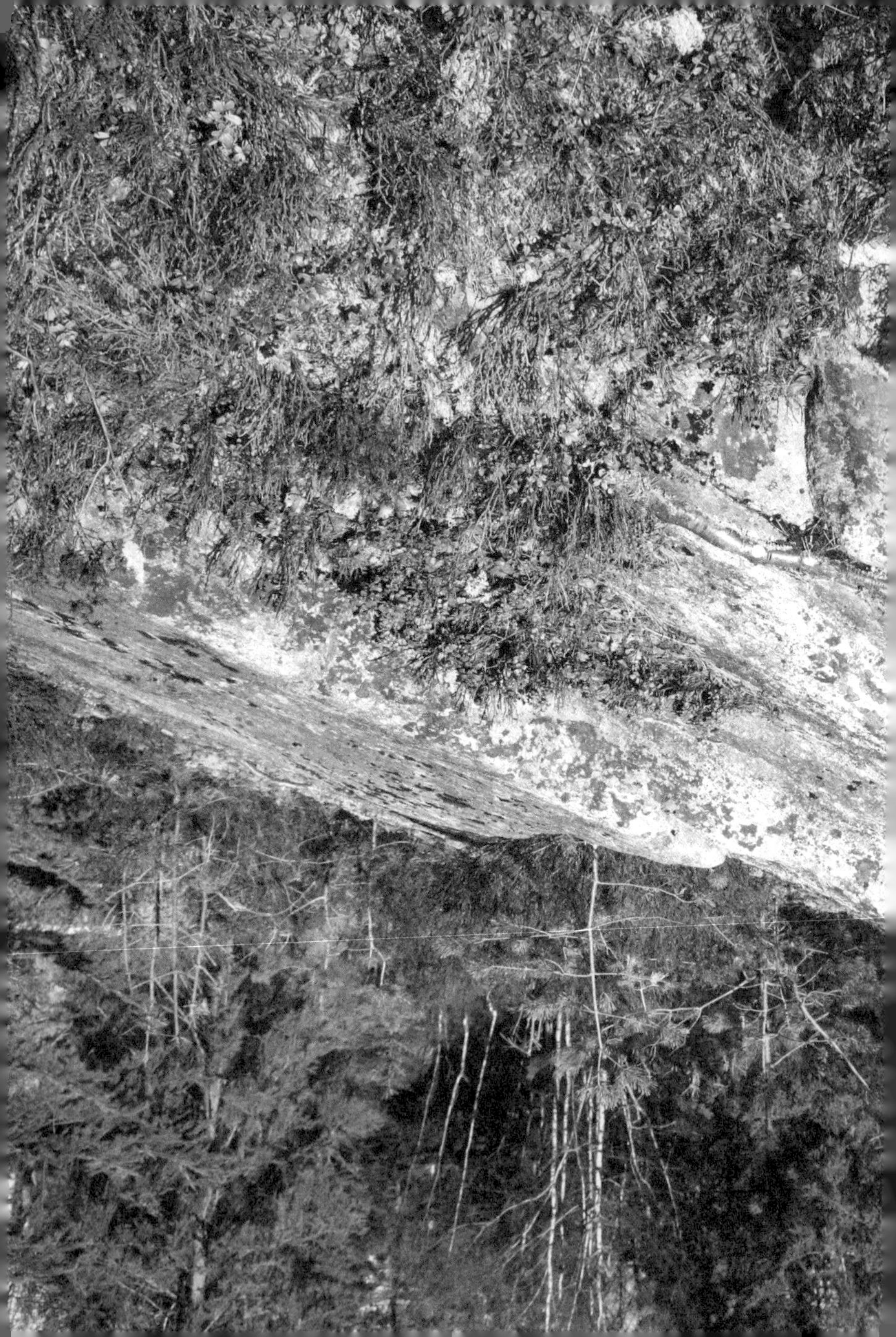

The land beneath our feet is valued. It is traded, fought over, inherited, annexed, acquired, protected, conquered, purchased, defended and lost. For many cultures, the acquisition of land is a normal aspiration, either as a place to live or an asset to benefit from. For others, the very idea of real estate is at odds with their own concept of it, underpinning much more collaborative attitudes to the land and who its custodians might be. But what of the underneath? Lara Almarcegui lassos the idea of land ownership and slings our attention vertically down, deep into the earth.

With *Mineral Rights, Austria*, the artist is attempting to acquire the mineral rights to iron which resides deep under the surface and, as an individual, to become an owner of part of this underneath. The concept is proving challenging to realise – mineral rights are generally acquired by companies, and these days, enormous ones. Almarcegui tells us that most of the underneath of Berlin is actually owned by Sweden, while a sizeable portion of Ireland is owned by South Africa. So what of the underneath of Austria? At the time of writing, our progress has been slow and bureaucratic, as it has in the many countries she has attempted to realise the work. Almarcegui's one success so far has been in Norway, where she managed to acquire the rights to the Tveitvangen iron ore deposits. Pending the outcome of our efforts in Austria, the artist will be presenting *Mineral Rights, Norway* as a projection in *Hall of Half-Life*. A series of slides document the land above her 'underneath'. It gives a short history of the area and its mining heritage before a deeper excursion into

the geological age of the site and how the iron was first formed. The tale concludes with a description of the ore's extraction, the owner's bankruptcy, the cycle of changing ownerships, and how the rights eventually passed into the hands of the State, designated as forest commons. The exploration rights that she has secured will last for 9 years. And unless the artist can prove she has done enough research to extract the iron ore already deemed unprofitable, the rights will at this point be relinquished once more.

Lara Almarcegui's artworks are a little like x-rays: they create an image of something we wouldn't be able to envisage otherwise, whether this is through data collection, landscape photography, an action, or enormous accumulations of materials. By focusing on this unusual legislative relationship to the land, she tests both its strength and cohesion by trying to twist its purpose, but also makes us conscious of the verticality of that idea. *Mineral Rights, Austria* will continue to be pursued by the artist in collaboration with the team of steirischer herbst until it is either achieved, or comes to a stand-still.

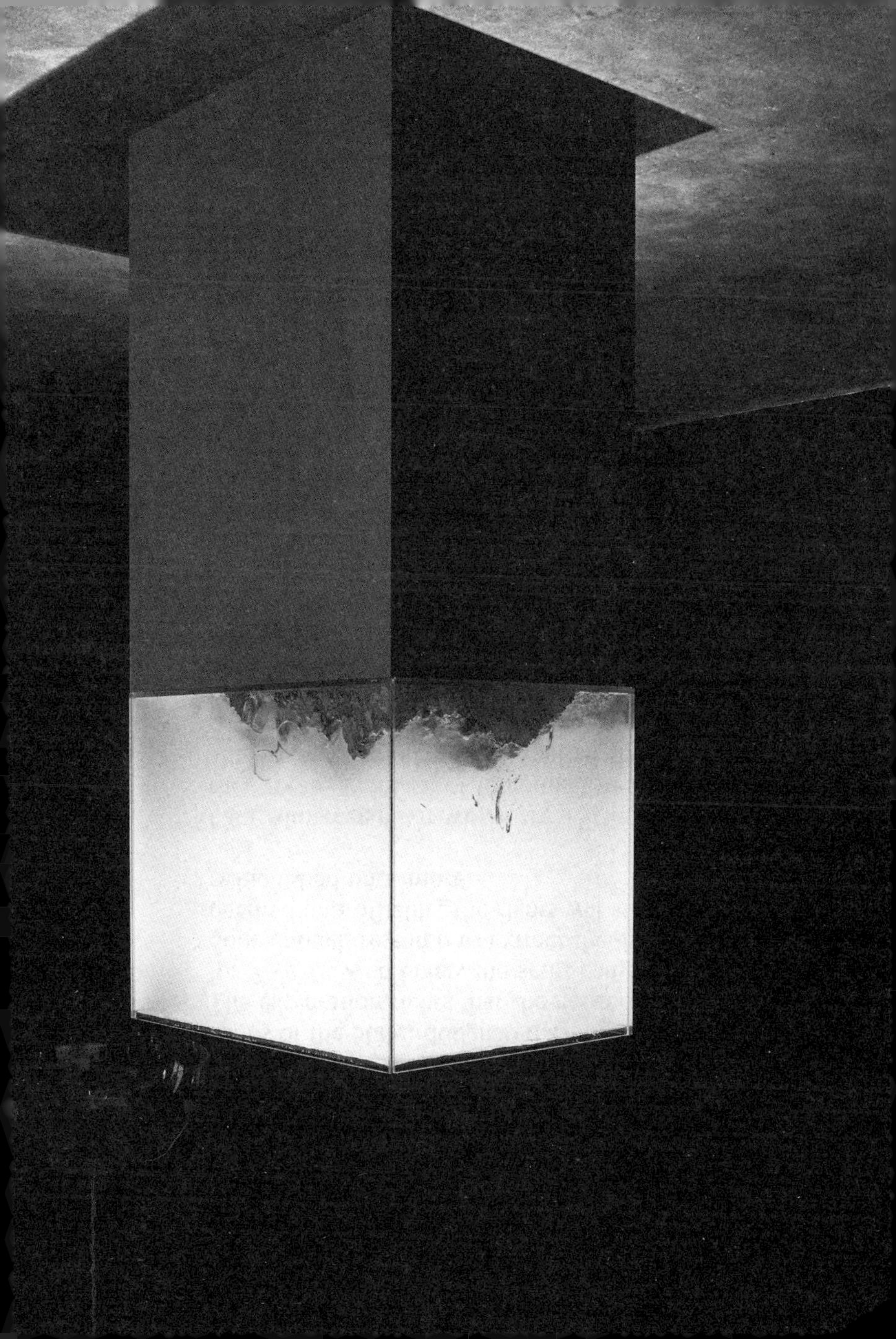

Stéphane Béna Hanly

Length of a Legacy (Schloßberg), 2015
Unfired clay, water tank, water
GrazMuseum
Commissioned by steirischer
herbst 2015

Length of a Legacy (Thomas Midgley), 2015
Unfired clay, water tank, water
Porubsky Halle, Leoben,
(until 17 October)
Commissioned by steirischer herbst
2015 and Project Arts Centre
(exhibition view left)

A rocky landscape slowly disintegrates into murky
waters. Clearly identifiable to the people of Graz
as the hill at the heart of the old city, Schloßberg
has fortifications that date from the tenth century.
While its representation here lies covered in water in
a glass tank, the actual Schloßberg looms up behind
the GrazMuseum, and can be seen from the many
tall windows overlooking the inner courtyard.
On the floor above the exhibition *Hall of Half-Life*,
sits a large model of the town. It was commissioned
in 1965 by Oskar Chmdik to illustrate the core of
the city in 1800, and it remained as the centrepiece of the GrazMuseum collection until 2006.
Working on site in the Museum for the last month,
Stéphane Béna Hanly has built his landscape in
reference to the Chmdik model, embedding it
with fantastical and suggestive relics buried in the
disintegrating rock.

Stéphane Béna Hanly models his landscapes and
figures in unfired clay, before placing them into
glass tanks of water. Depending on how much he's
allowed the models to dry, they begin to bubble and
disperse upon contact with the water. Installed as
part of Ulla von Brandenburg's *Clouds dissolve in water*,
in Porubsky Halle Leoben, *Length of a Legacy (Thomas
Midgley)*, 2015 is a sculpted memorial bust of a man
not likely to be remembered or recognised by many.
Yet the work of Thomas Midgley has touched all of
our lives.

As a pioneering refrigeration scientist and inventor
of chlorofluorocarbons (CFCs), Midgley has
unwittingly 'had more impact on the atmosphere

than any other single organism in Earth's history'
(J. McNeill, *Something New Under the Sun*, 2001).
Years after Midgley's death, Nobel prize-winning
chemist Paul Crutzen discovered the devastating
effect that CFCs were having on the ozone layer
– one of the most vital systems for permitting life
on earth, an entity that had taken millions of years
to develop, and had made it possible for humanity
to exist in the first place. With a classical approach
to figuration, and alluding to monumental human
achievement and endeavour, Stéphane Béna Hanly's
figures or landscapes decay with a rate and form
that depends on their drying time. This is a process
he sees in monuments all around us. Those things
created to immortalise an idea or a person begin
their process of decay from the moment of their
birth: by air, water, natural destruction or human
activity.

While *Length of a Legacy (Thomas Midgley)* **crumbles**
from recognisable form to unrecognisable,
(Schloßberg) will unearth new forms as it collapses.
As this precisely modelled landscape comes into
contact with water, it too will start to dissolve and,
as the mountain collapses and fragments, its interior
will be revealed, exposing unexpected lodgers,
artefacts long buried in the rocky land. On a visit to
Graz's Natural History Museum, you'll learn about
the shark tooth found in stone near Styria, indicating
that Graz was near to the sea coast 15 million years
ago. In the work of Stéphane Béna Hanly, we are
reminded of the deep geological age of the area and
the planet, and find ourselves in the footsteps of a
science-fiction scenario, somewhere in the future or

the past, or to one side.

This gradually eroding monument becomes an allegory of scientific endeavour, entropic decay and a reflection on the cultural desire for memorialisation. As the clay breaks down and the murky water finally settles, we will be left with a changed landscape inside these tanks — not designed, not planned, but the unpredicted by-product of what was originally intended.

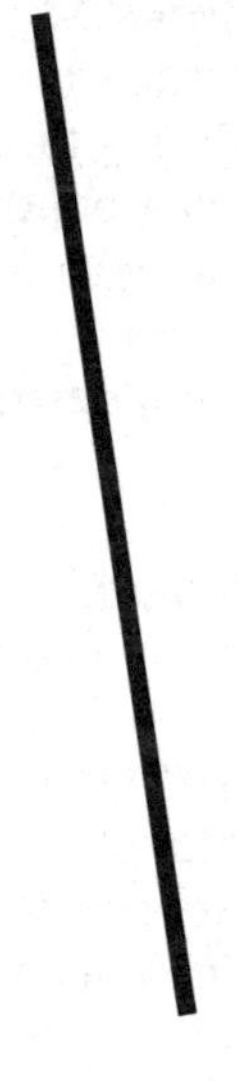

Simon Boudvin

5 PILIERS (Ribecourt), 2005
Photograph

CONCAVE 05 (Cazals), 2010
Multi-exposure photograph of
subterranean caves

CONCAVE 06 (Poncé), 2012
Multi-exposure photograph of
subterranean caves

CONCAVE 07 (Ruillé), 2012
Multi-exposure photograph of
subterranean caves
(image detail over)

CONCAVE 04 (Gagny), 2007
Multi-exposure photograph of a
former gypsum mine

All GrazMuseum
All co-produced by steirischer
herbst 2015
and Project Arts Centre

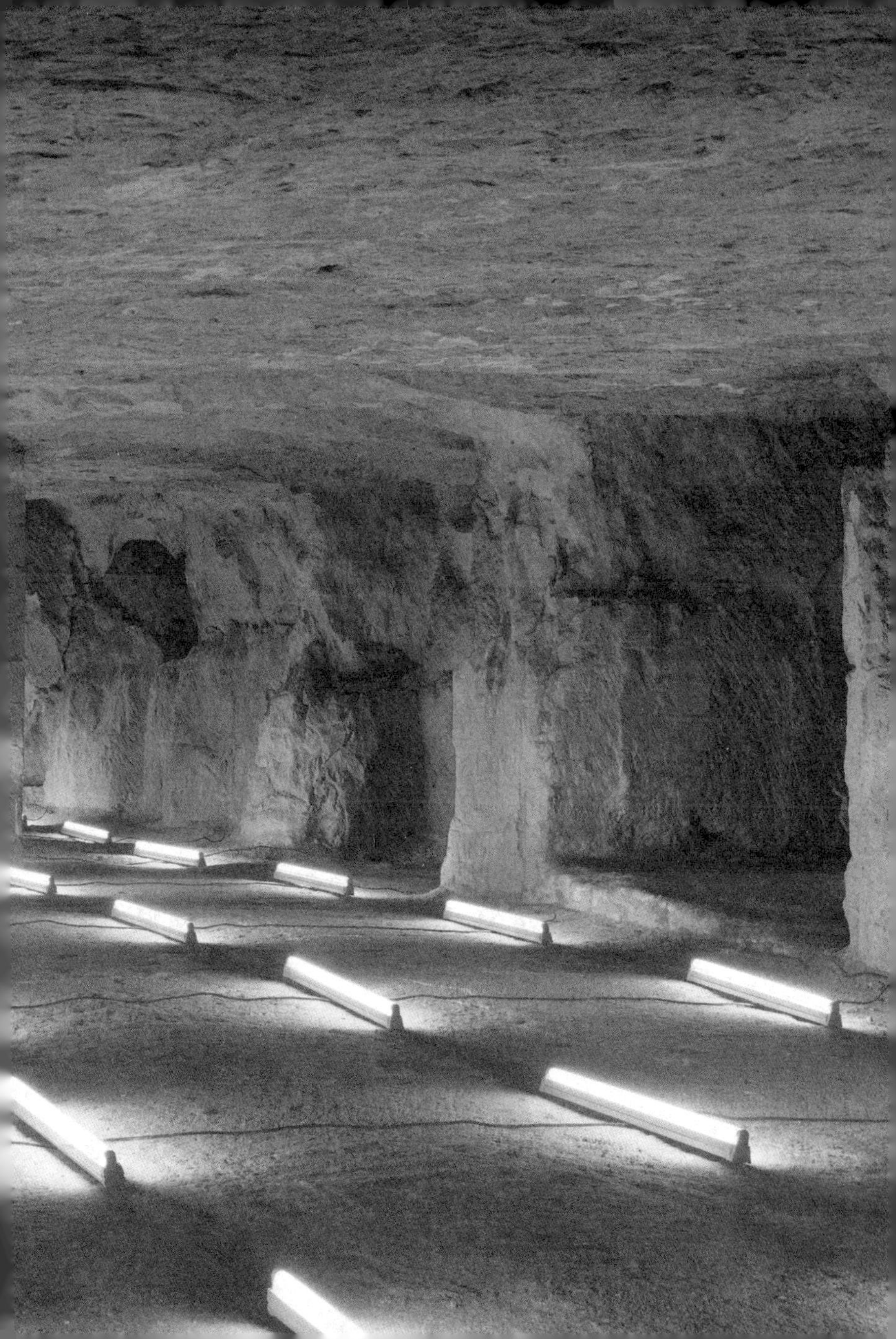

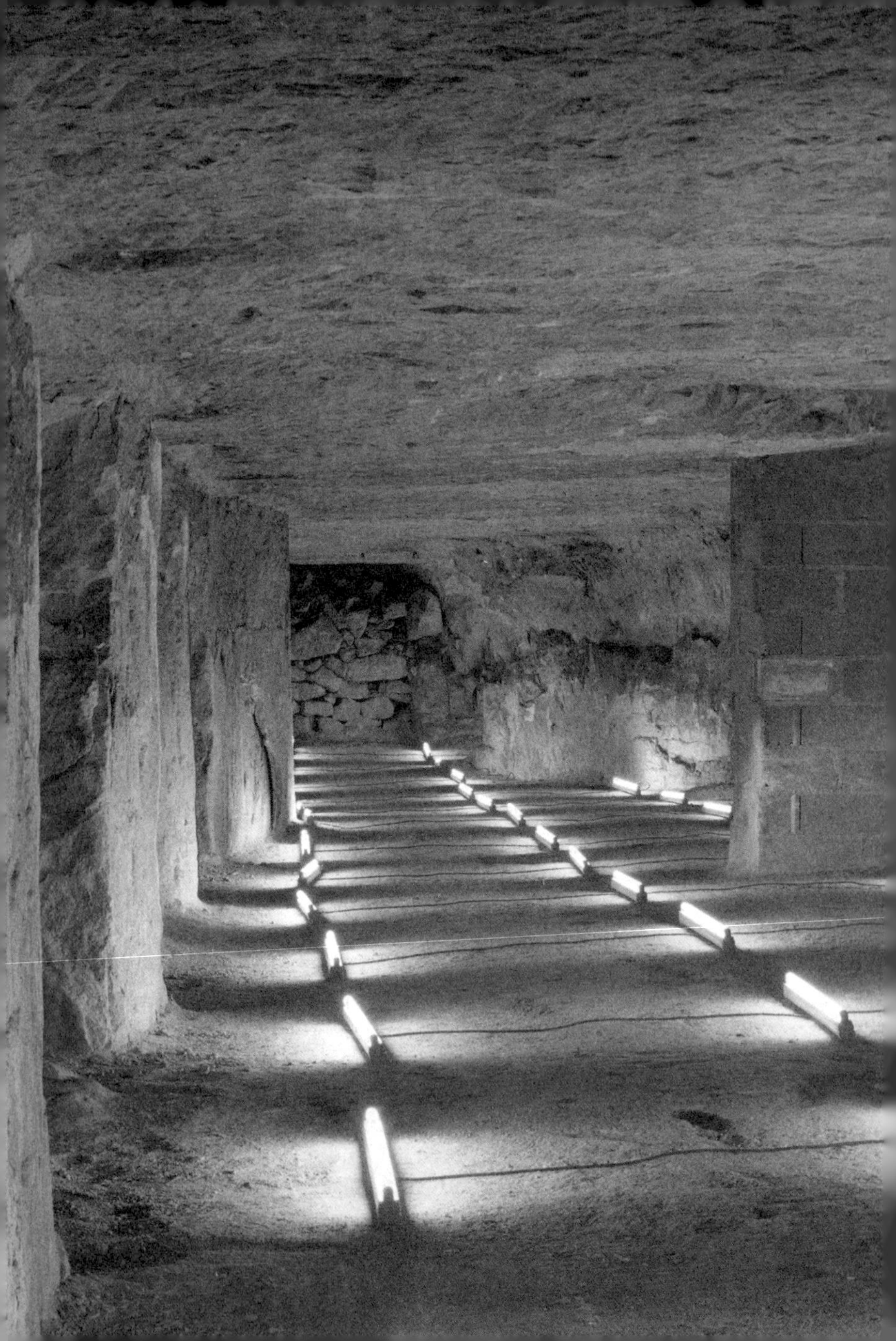

Simon Boudvin takes us into the belly of the earth. His photographs of French mines and caves are borne of a documentary desire, capturing images of places that are otherwise hidden from our eyes and our consciousness. As he says of the material practice of architecture: "To build a space somewhere, you need to create another one, from where you extract the material. Each building has a hidden sister. One space is wanted, designed, capitalised. The other one is waste." These subterranean 'hidden sisters' or 'significant others' are visited by the artist as self-sufficient explorer. When presented in the gallery context, they appear developed, perhaps opened to tourism, strange underground places that for some reason have been lit for the public. They are in fact quite the opposite. The artist lays metre after metre of fluorescent tubes on the floors of the cave, turns on the generator, lights a section and exposes his film by taking a photo on a medium format camera. He repeats the process and re-exposes the same film again and again until the whole underground composition is captured. Flipped upside down on the gallery wall, these beguilingly simple constructions suddenly become much more complicated to the gaze, not with the trickery and delusion of after-effects, but with the implications of these excavations and the vast voids they create.

These sites extend low and wide into the earth and, as the earth changes (as we know it will), the deep paths of their excavation are likely to work their way to the surface. Boudvin's images suggest that these sites and structures may more readily be understood

and confronted in the future as the artistic or
communicative product of humankind, rather than
the industrial by-product that they are. 5 PILIERS
(Ribecourt) is not the tableau or Neolithic structure
it appears to be: it is the crest of a hill, collapsed
over time and after erosion into the belly of
the abandoned mine beneath it. Boudvin says,
"This object can be considered as a monument to
the work of miners and constructors, a monument
born as an accident: half natural, half cultural."
We are thus reminded of the cairns, standing stones,
and Megalithic structures that foreshadow our
architectural histories. Whether intentionally built or
the unintended results of mining, digging and climate
change, we get a glimpse of how our contemporary
structures might appear to the researchers who try
to make sense of the objectives and decisions of
those whose time was the Anthropocene.

Gerard Byrne

BRIGHTSIGN, 2015
35mm slide projection,
GrazMuseum
Commissioned by steirischer
herbst 2015
and supported by Culture Ireland
(detail left)

Gerard Byrne's BRIGHTSIGN connects a series of slide images, filmed sequences, audio performances, recordings and historical documents: interpreting, managing, scheduling and articulating them through the humble little Brightsign Media Player. It may not seem such a big deal, that media player, but it is crucial for understanding how Gerard Byrne thinks about art and its moment of spectacle.

This new work radiates from Wilhelm Reich. This prominent Austrian psychoanalyst was a pioneer in his field and, like many pioneers, his charismatic commitment to his theory of orgone energy made him both a man of eccentric fame and a threat to the establishment. Gerard Byrne describes Reich's scientific proposal as 'holistic, all-encompassing, and as such it defied the orthodoxies of twentieth century scientific methodology, which tended towards strict specialisation, demarcation, and distinction of scientific fields'. Having endured years of professional humiliation and rebuff by the academic establishments that had once nurtured him, Reich was exiled to America, his life eventually ending in prison.

His was a belief one needed to step into: to abandon conventional wisdom; to turn oneself over to his studies and experiments. During his time in America, he established a solo laboratory in rural Maine on an estate he named Orgonon. He was drawn by the clarity of its night skies which were vital for his studies and observations of orgone energy. Reich believed that this biological, cosmic or electrostatic energy was contained within

everything in our world. Written documentation and correspondence from the ensuing years of his research (in which he built 'orgone accumulators' and attempted to evidence orgon's existence) provide an insight into his singular and steadfast conviction. Byrne finds in his work an example of 'conceptual thinking that is on a whole different scale to the symmetries of historical time and the demarcation of scientific fields'. It is a leap outside of the restraints of how we picture ourselves within the world and its passage of time, and it resonates with many of the ideas within Hall of Half-Life.

Gerard Byrne visited Orgonon and turned his camera lens to the night-sky, a field full of starry signs and signifiers of its own, and to which Reich turned his attention as he searched for evidence and examples of his orgone energy. The projected 35mm slides cross-fade with one another, and as in many of Gerard Byrne's installations, the apparatus used to display the work is conspicuous, the tempo of its schedule connected in real time to life outside the museum, the function of its playback mirrored in the work itself. BRIGHTSIGN thus takes on a more nuanced, more literal meaning. Byrne has reverse-engineered the little Brightsign Media Player to run the work. It is the display control centre of the digital age, fusing materials from the past with images of the future, linking human stories to stories we re-enact. By name alone, it also alludes to the stars, those singular bright points in the sky and signs used to navigate. In the sensitive context of the GrazMuseum's historical display, which at times presents frontsides, backsides, reproductions and

reflections of various objects and artefacts in one extraordinary structure, Byrne too takes us into the belly of image-making and display. As Catherine Wood writes, 'Byrne's body of work is akin to a theatrical hall of two-way mirrors within which the positions of object and viewer, mediated through image technologies, are endlessly reflected, refracted and re-reflected.' Just as the collections in the GrazMuseum's display apparatus undulate between reproductions, originals and fragments, so too does Gerard Byrne's new work break apart and stitch back together some of the fragmented materials that lie behind today's visual cultures.

Regina de Miguel

The last term that touches the sight
(ANXIETY), **2010**
Digital drawing
GrazMuseum
Courtesy the Artist and Maisterra
Valbuena, Madrid
(image detail over)

The last term that touches the sight
(ISOLATION), **2010–2015**
Digital drawing
GrazMuseum
Commissioned by steirischer
herbst 2015

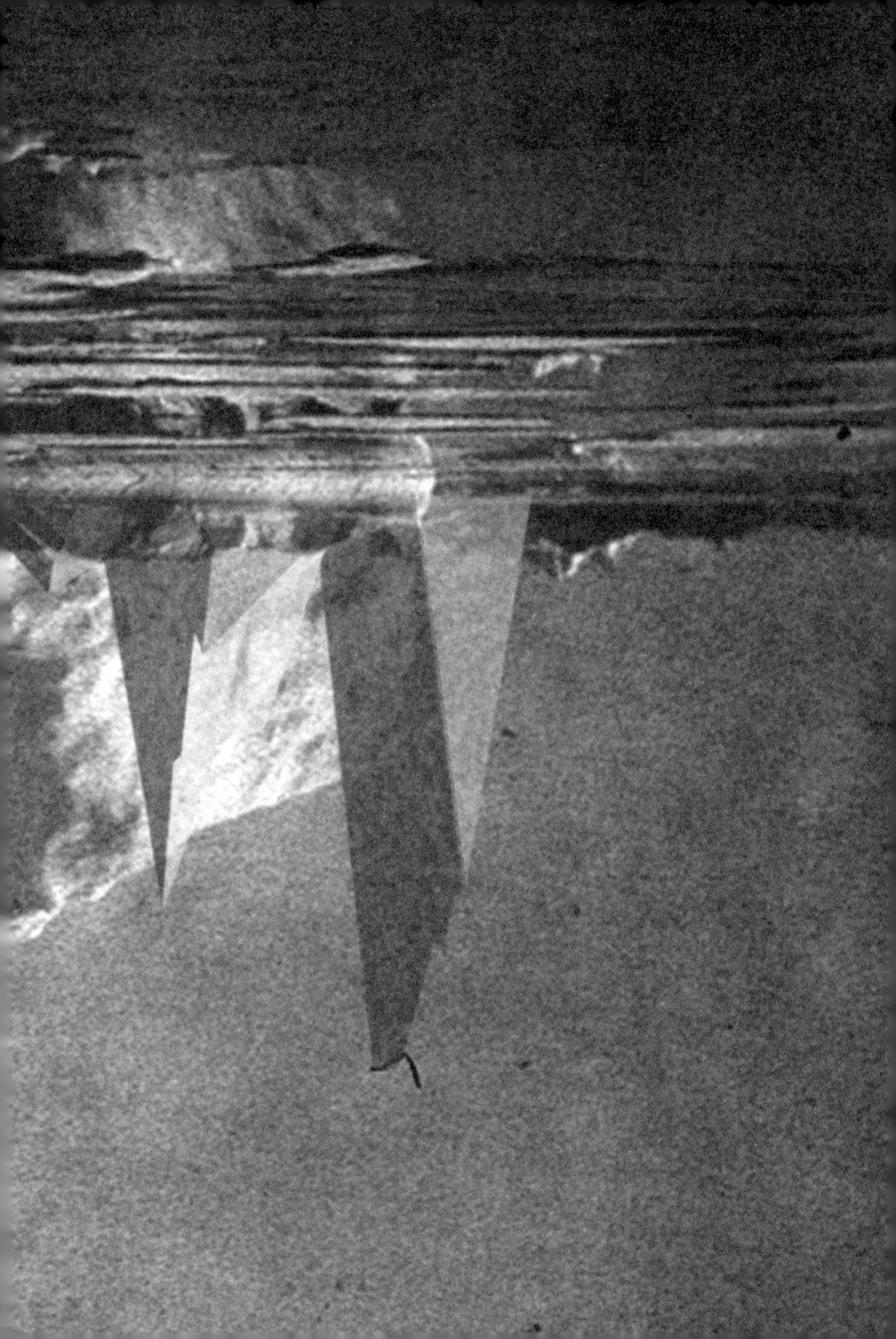

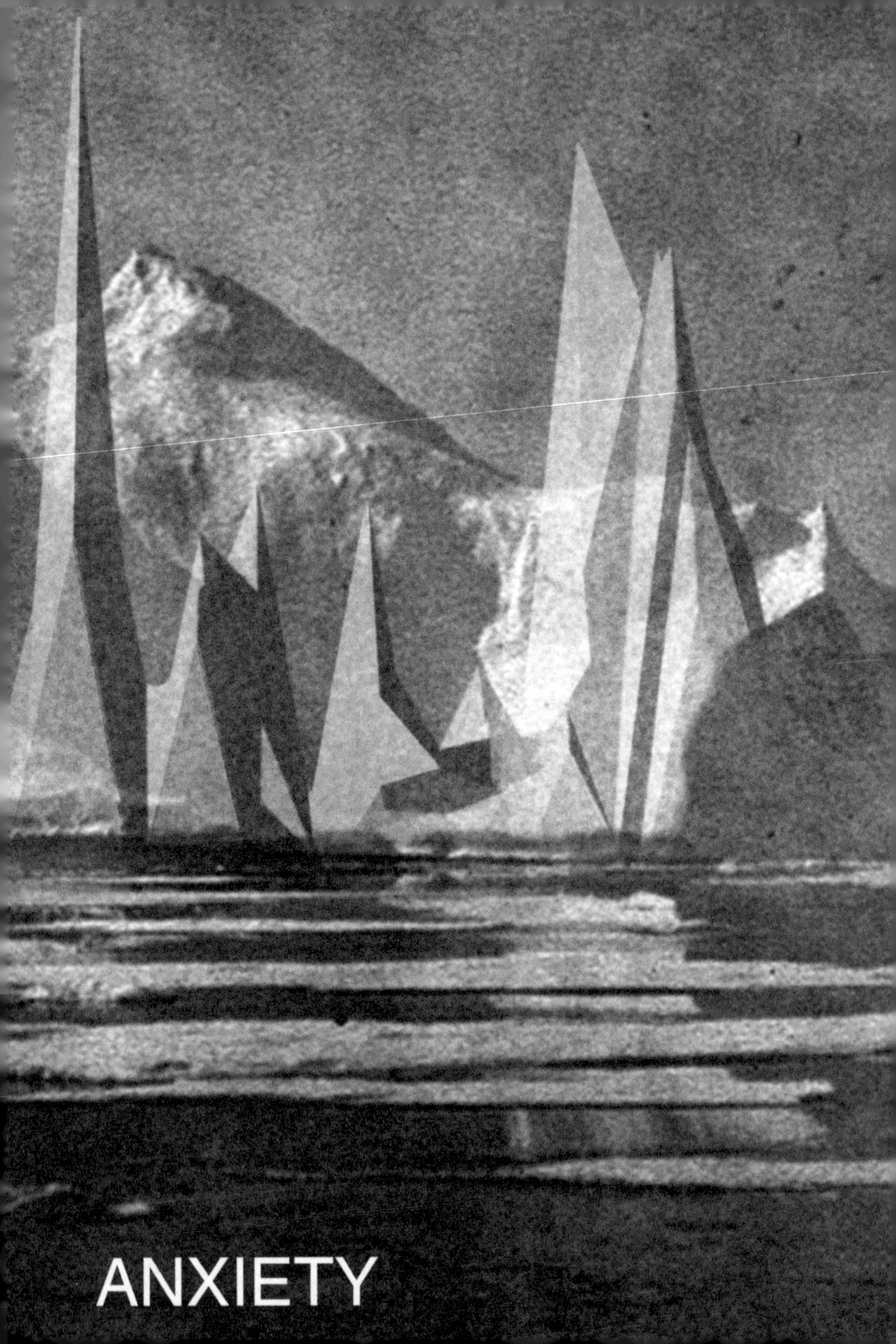
ANXIETY

Regina de Miguel's two works in *Hall of Half-Life* are collages. In each, three differently formed layers are compressed into an image which relates to time and form, speaking as much to the subconscious as to the alert mind. Central to Regina de Miguel's practice is data. She collects it, uses it, analyses it, and even tricks it. The data present in *The last term that touches the sight (ISOLATION) & (ANXIETY)* is drawn from Eurostat, the compiled statistics of therapy sessions with people experiencing feelings of depression, despair, anxiety, grief and isolation. When undergoing therapy for these emotional states, and when asked to describe a state of mind, the iceberg is often invoked. Alone in the landscape, cast adrift, the iceberg's chiselled beauty is buoyed by a bulking menace – the invisible-to-the-naked-eye floating mountain that drifts beneath the waters. De Miguel has layered over this mountainous image another ranging scene, which shows that the data behind this computer generated statistical map is also a maker of images. Although she doesn't provide the co-ordinates or tell us what the graph represents, the implication is clear, charged by the text emblazoned below: ISOLATION. ANXIETY.

With one looming from an over-enlarged position in the GrazMuseum and the other concentrated within a black wall, the artworks splice the past against the future. Complete with lens debris and reminiscent of Shackleton-era polar voyages, the image of the iceberg clearly originates in the adolescent years of photography. It is a photograph taken in a time when the authenticity of an image was taken for granted. Unlike her landlocked cousins that

endure as standing stones and Neolithic structures, these particular icebergs are well and truly gone from the planet. This reminder of impermanence is heightened by the time we live in, when the threat of a floating iceberg reminds us not only of legendary boat liner disasters but, more pressingly, of melting polar caps. CO^2 emissions may be hard to visualise, and the effect of a 2°C change of climate difficult to get the measure of, but there's nothing unclear about an iceberg floating in waters it shouldn't be in. This image from the past is then overlaid by a suggestion of the digital future, where the broad notion of an image will inevitably become more and more interwoven with algorithms, data interpretation and created with, if not by, computerised systems.

Taken as its whole, each collage presents us with a singular emotional state (similar as they are, in the general family of feelings). And in the deep, deep future, in a time when language may not bare resemblance to any language spoken today, the very idea that an object could harbour something akin to significant form, native feeling or meaningful property becomes quite fascinating for questions of form, time and communication.

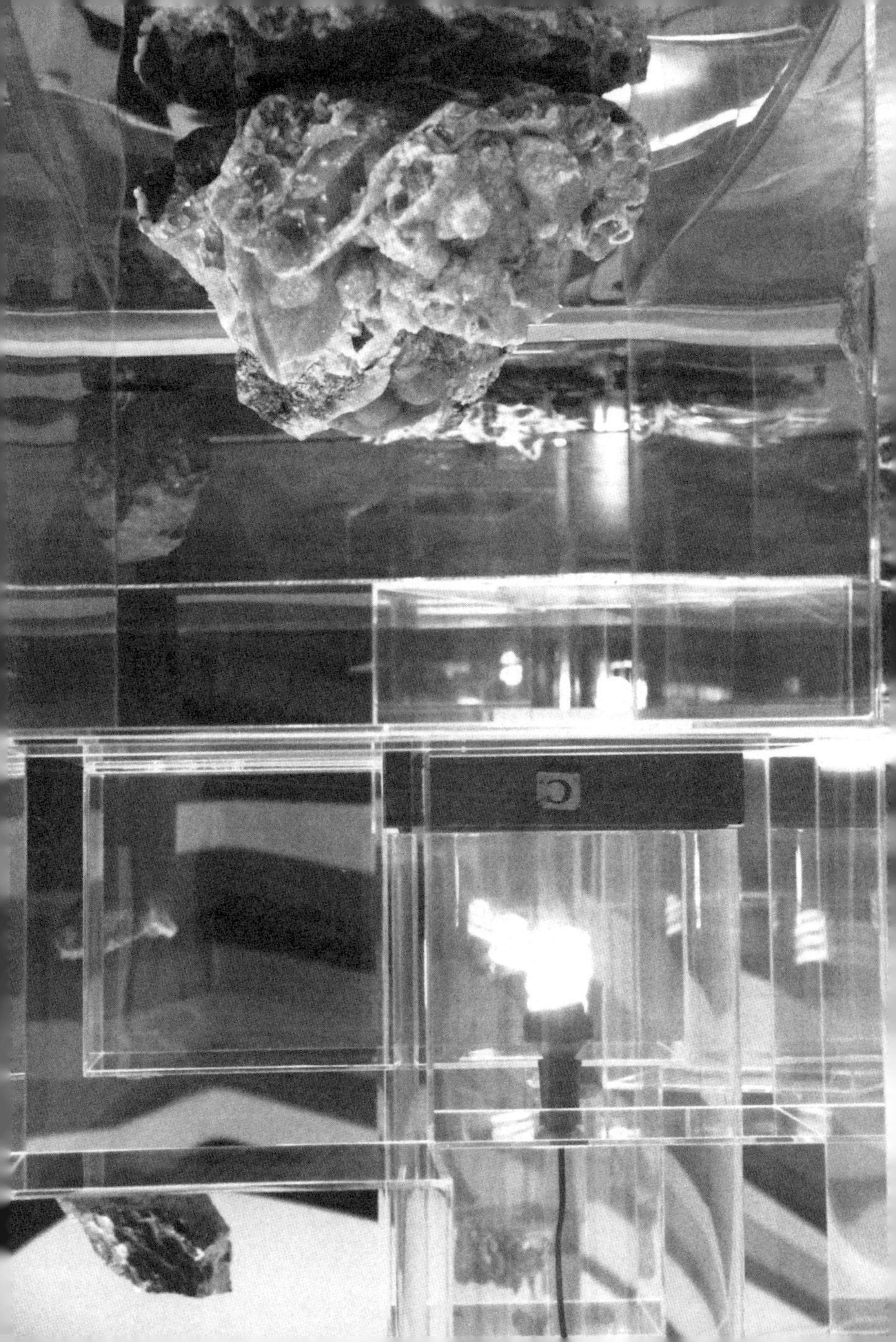

Mikala Dwyer

St Jude's Leftovers
(YOUR THOUGHTS IN LIGHTS), 2015
Installation including acrylic on
canvas, wall painting, and sculpture
GrazMuseum
Commissioned by steirischer
herbst 2015
(image left from Dywer's *The garden
of half-life*, 2014)

St Jude's Leftovers
(YOUR THOUGHTS IN LIGHTS), 2015
LED installation on Radwerk III,
Vordernberg
(until 18 October),
Commissioned by steirischer
herbst 2015

Mikala Dwyer's projects speak to each other like antennas. They are communication devices: sending, receiving and harbouring messages between Vordernberg and Graz.

In her new installation for the GrazMuseum, Dwyer is developing a work that has been just as influenced by the material and sedimentary evidence of stones, as by the hypothetical potency of the energy that surrounds them. Stones, art objects, industrial leftovers and ancient relics all hold great potential for meaning, a totemic power that emerges from Dwyer's vast body of sculptures and groupings. To put it bluntly — she believes in things, and compels us to believe in them too. Whether it is a group of objects arranged as though communicating with each other, or the detritus of human activity elevated to something symbolic, to be in the presence of her things is to step with the spirit of potential.

Lining the walls of the GrazMuseum is a large wall painting, a cross-section that draws on the layers of sediment in the land beneath our feet. It also creates something of a baseline, becoming a graphic leveller in a room that dictates the placement and installation of all other objects. Created on unstretched canvas, the new series of paintings are strident in their nature, disorienting in terms of fixed geometries and refusing to play by the rules of hard-edged minimalist abstraction. These paintings owe their lineage to the artist's encounter with small watercolour painting sketches of William B. Yeats. The sketches were made in the context of Yeats' involvement with the Hermetic Order

of the Golden Dawn, a society of which Yeats was an important member, alongside the more visible Aleister Crowley. Dwyer's paintings still retain the gesture of embrace that characterised her early wall-based predecessors, and lend the exhibition an air of reverence, as though we're coming together for a ritualistic gathering. At the centre of the room is a concentration of powerful devices. Language and objects here condense beneath an abstraction of Vordernburg's natural wonder — the meteorite-like molten rock at the base of Radwerk III.

The work force of the small industrial town of Vordernburg was all but depleted with the demise of the mining industry. The historical monuments and museums that remain are vivid reminders of the heat and physicality of such work, the towering chimneys stark icons of the era. It is on one such tower that Mikala Dwyer has installed the first of her communication devices. The LED screen adorning Radwerk III brings messages directly to the public space of the town. Originally motivated by Vordernberg's new industry (the processing of asylum seekers), Dwyer has developed the communication device as a more open and reflective medium, reaching out beyond the town, and striving to open channels for voices, prayers or messages to pass through.

The monument, Radwerk III in Vordernberg, has its own peculiarity, which in turn has provided the impetus for Dwyer's second transfiguration. Dramatically lit as part of her installation, the molten rock at the base of the furnace chimney

at first appears as something from another galaxy, rather than the remnants of the industrial age.
The 'meteorite' (as we've come to call it) is also the model for Dwyer's installation in the GrazMuseum. She has in effect created an effigy by melting a plastic form in its likeness. Hulking in the centre of the room, painted and textured from the inside, this plastic meteorite slips between ancient artefact and temporary casing – neither of which is true to its origin. Bound to outlive its museum framing, the Radwerk III meteorite could survive in the land into the deep future, an odd, misplaced artefact calling for interpretation — but representing what?

One industry built on top of another, layers of sedimentation, one object abstracting from another: Dwyer's work is both playful and complicated, and imbues its political seriousness with the suggestive language of spiritualism and invocation.

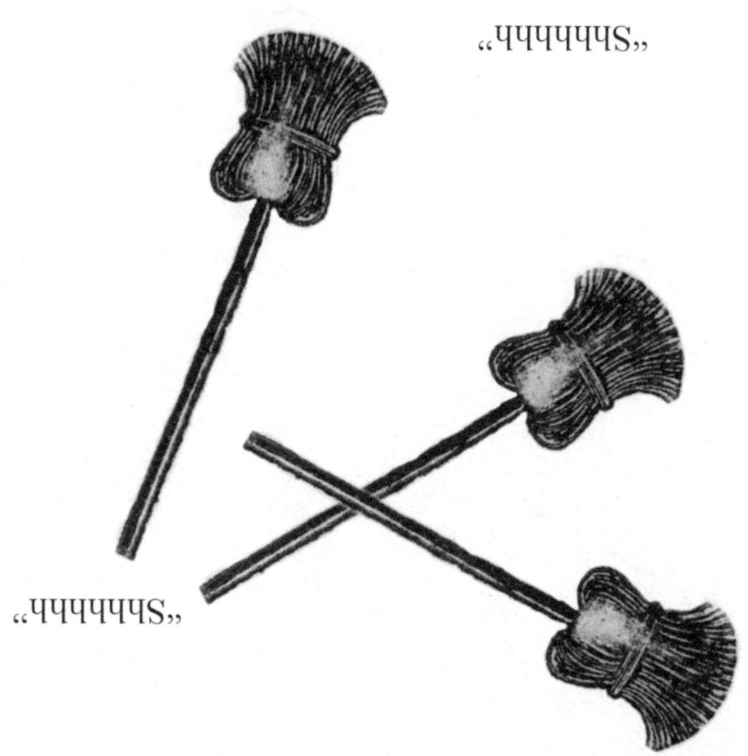
„ЧЧЧЧЧЧS"
„ЧЧЧЧЧЧS"
„ЧЧЧЧЧЧS"

Geoffrey Farmer

When Sweeping With Your Cosmic Broom,
Sweep Us Out Of Our Mouldy Ruts, 2015
Installation
GrazMuseum
Commissioned by steirischer 2015
herbst
(image left)

Beginnings are tricky.

In fact, there is speculation that there hasn't ever
really been one. Some say there was a beginning
but there will be no end. Some insist there are only
middles, while others write and speak only of the
end (CLAP OF THUNDER). In the Puranas, an
ancient Hindu text, the universe is described
as cyclical, blinking for 4,320,000,000 years
and then sleeping, awaking and beginning again.
This seemingly incomprehensible and fantastical idea
matches some scientific theories about our current
understanding of its size. For example, it would take
us 410,000,000,000 years to travel at the speed
of light from this spot to the edge of the visible
universe. And even then, because of its continual
expansion, it is possible we may never reach its edge.

Maybe it is easier to think of beginnings as
declarations—and one only need stake a flag,
ring a bell or light fireworks to define them.
The unimaginable vastness is then punctuated by
the blinking of lights on, lights off, handshakes,
rising curtains, gunshots, kisses, tombstones,
crashes, prayers, knocks on doors and gasps of
air. Beginnings then become endings and endings
become beginnings, and sweeping up is the only
opportunity to begin again.

So with what is written here I declare a beginning
— of the writing of a tome, for which the steirischer
herbst will be a room. It begins with a broom
sweeping a room, to create a tomb. The broom
will find a room, and the room will find a tome.

Then the tomb will find a broom, and the broom a
room. And then again in reverse, beginning again
to end in a sweeping motion to create a sound —
the sound of bristles against a surface, a signal that
something is to be done.

"Shhhhhh" "Shhhhhh" "Shhhhhh ".

With three sweeps of a broom the writing of a tome.

Geoffrey Farmer

This project is a work in progress,
developed and supported by
Artangel, UK.

Harun Farocki

Transmission (Übertragung), 2007
Single channel installation, DigiBeta,
colour, 43 min
GrazMuseum
(film still detail over)

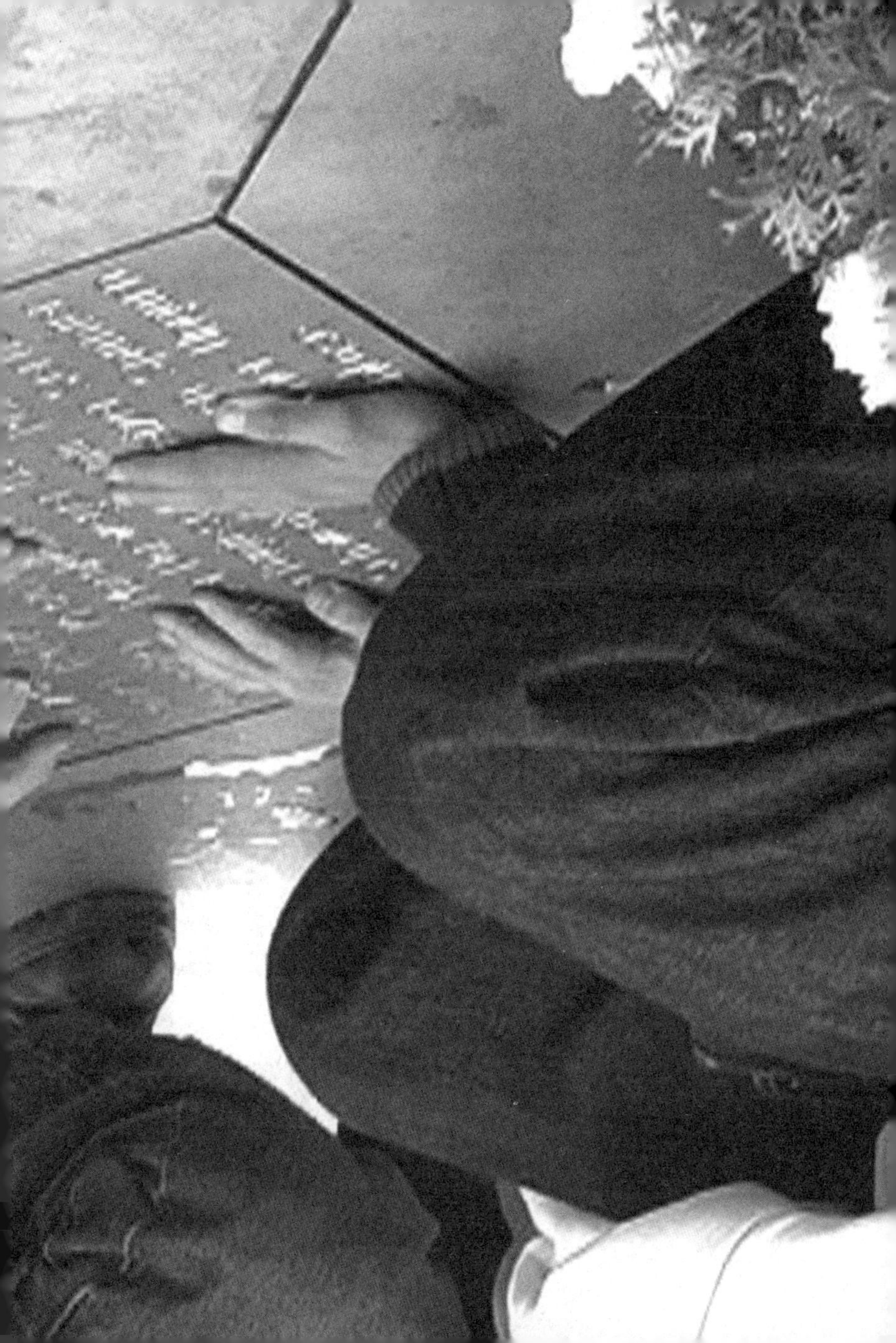

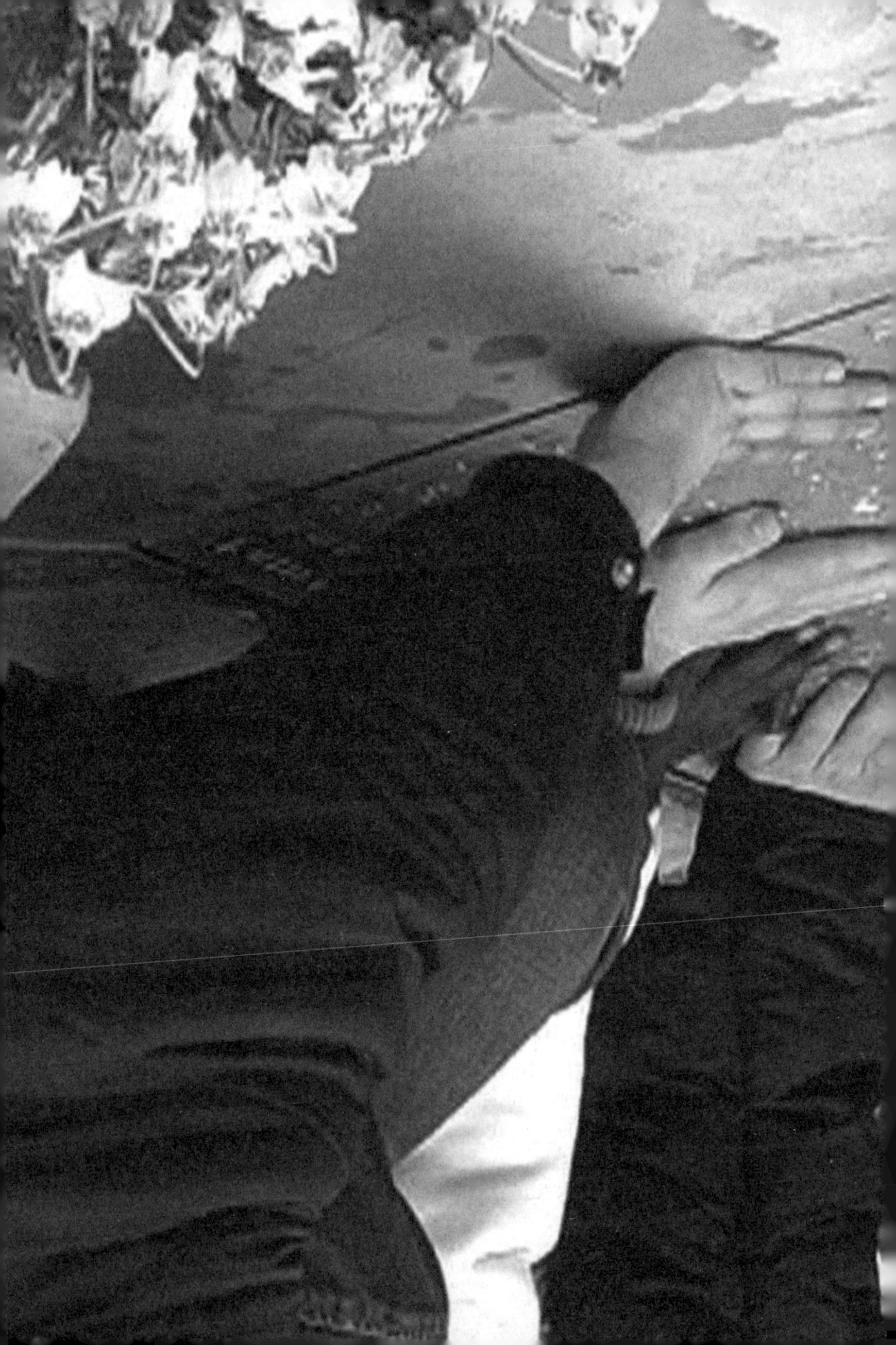

Harun Farocki's *Transmission* is a moving study of humanity's intense relationship to objects, memorials and ideas. Throughout the film, Farocki visits various monuments and memorials around the world — both concrete and immaterial — sites that people appropriate, make pilgrimage to and, inevitably, touch. From the US memorial to the American War on Vietnam, a Munich church and the footstep of the Devil, or a monument in the Buchenwald concentration camp, Farocki focuses on the intense interaction between people and things, witnessing the transmission that might occur when flesh is pressed against stone. The variety of forms he shows are unique in their representative characteristics: hard-edged minimal structures; worn away symbols; figurative representations; functional objects; or monuments evolving out of myth. Every touch of stone, concentrated gaze, or irreverent act of play, is indicative of a desire to possess something of the essence of the object; perhaps to embody it, to let a part of it reside within you. They are repositories, places which hold our collective or idiosyncratic histories, but which store up their meaning and pass it on to future generations. In doing so they also absolve us of the responsibility and burden of always remembering.

Consistently moving and revealing, the film is made without ceremony, and thus as spectators we are placed in an intimate vicinity with the object and its subjects. Jostling for space or reaching over each other, supplicants seem oblivious to Farocki and his camera, lost in the concentration of their exchange. Towards the end of the film, from a bypass

overlooking a busy monument, we witness one of the most poignant and moving memorials of the film. One by one and with a sudden synchronicity, the traffic flow comes to a halt and the drivers exit their vehicles. On the usually packed motorway, there is no movement but for the drivers who shield their eyes as they gaze forward in unison. This annual 2-minute memorial for those lost in the holocaust creates a 2-minute monument of humanity, transmitting a collective action. It is the only study of Farocki's film that lacks a concrete object at the centre, yet might have the potential to outlive all of the other objects and monuments. In the tradition of oral histories and inherited wisdom, the fact that becomes a myth that becomes a ritual stands to endure well beyond the material deposits of man.

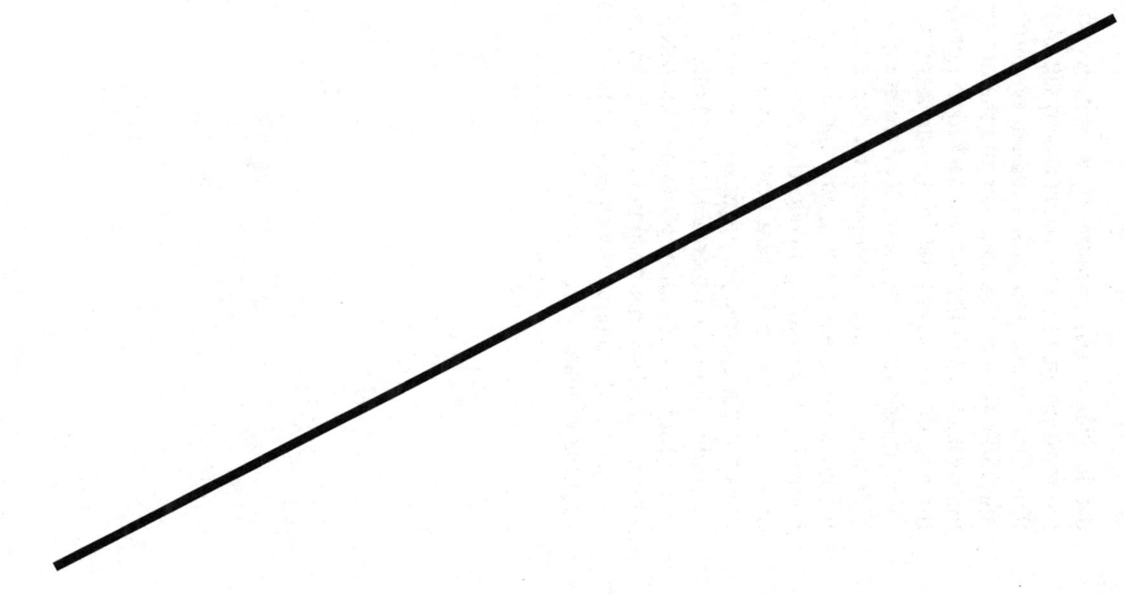

Peter Galison & Robb Moss

Landscapes of Stopped Time, 2015
Film installation
GrazMuseum
Commissioned by steirischer
herbst 2015
(film still detail over)

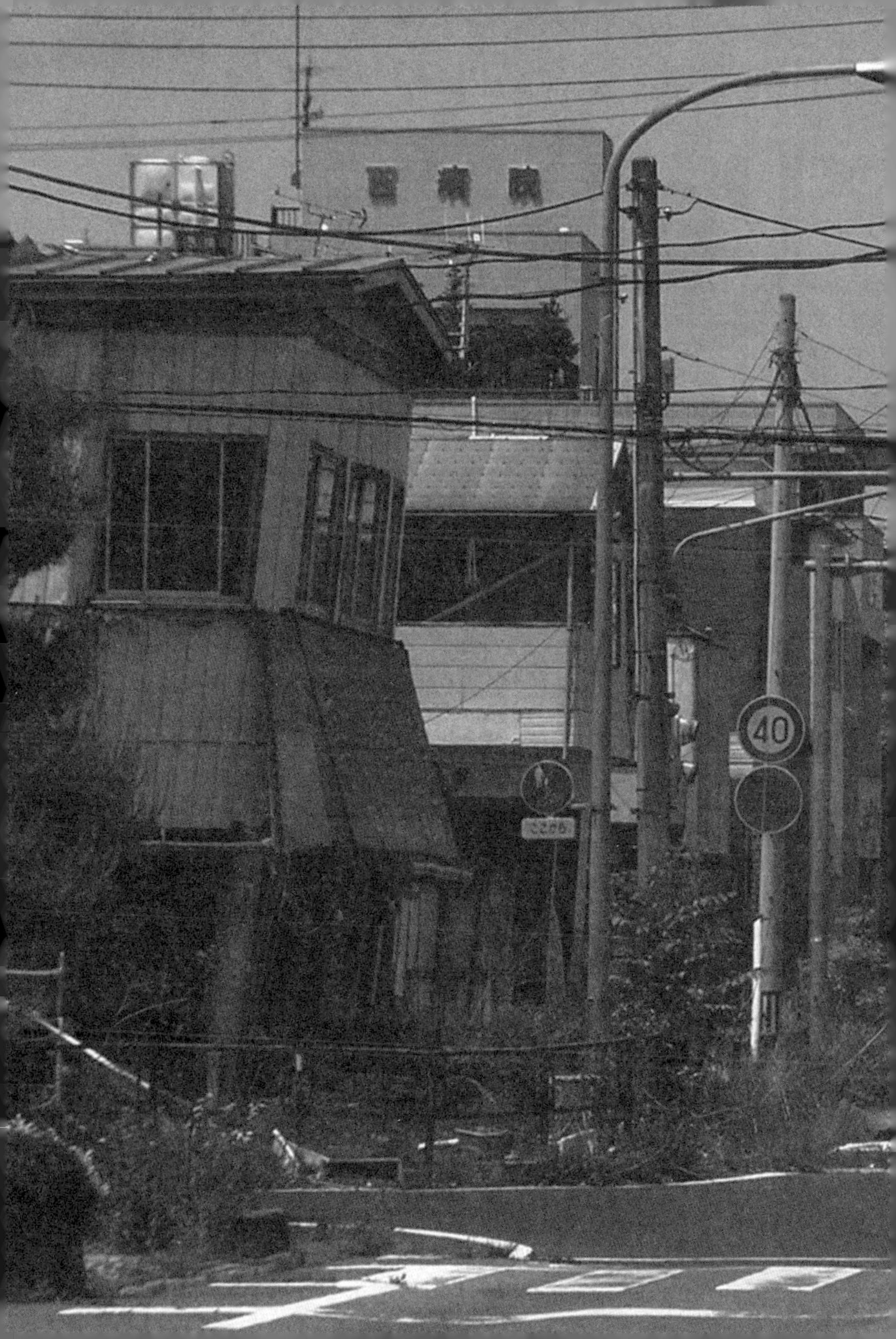

40

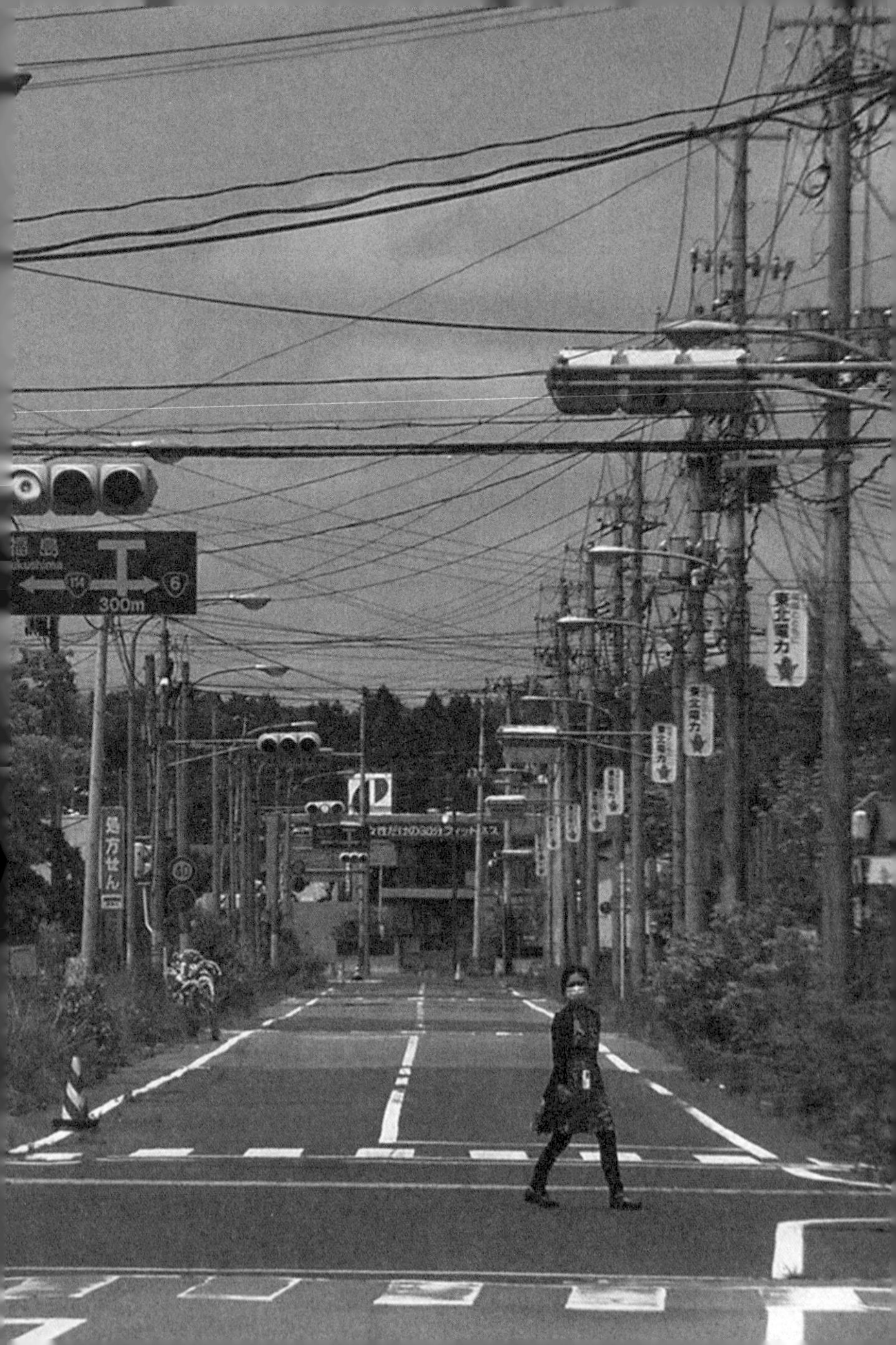
福島
Fukushima
114
6
300m
処方せん
40
東北電力
東北電力
東北電力

The ancient Tsunami Stones of Japan are a haunting reminder of the way in which fundamental messages from humankind drift into obscurity over time, and with the evolution of language. In the wake of Japan's devastating 2011 earthquake, an enormous sea-borne wave crashed against shores and over high-water lines with terrifying speed and power. Many thousands of people were lost in that catastrophe, many more displaced. Encircling the island of Japan, the tsunami stones were set in place by ancient ancestors to warn future generations of the peril of building beneath the level of these markers. In some areas of the country the warning was heeded, the meaning of the now largely indecipherable markings passed on by the elders down through generations. In other areas their meaning was forgotten, grown over in the wild or disappeared entirely. The second catastrophe to hit Japan after the 2011 earthquake was the quake's impact on the water cooling towers of the Fukushima Nuclear Power Plant. Without the fresh water to cool the reactor towers, the plant went into meltdown, releasing radioactive material into the atmosphere and environment, an action of still immeasurable consequence to the local, national and global communities and ecologies. The Fukushima meltdown and its immediate evacuation took place while Peter Galison and Robb Moss were researching and filming two other nuclear sites: the Savannah River nuclear weapons plant in South Carolina (USA) and the weapons waste burial site in Carslbad, New Mexico. These three locations are together represented in the three monumental slabs that form the screens of their video installation for *Hall of Half-Life*.

Landscapes of Stopped Time takes us into one of humanity's most hypocritical relationships with time. It charts these three sites: the first of radioactive disaster; the second a clean-up zone of radioactive pollution; and the third, a long-term containment facility, a site called the Waste Isolation Pilot Plant. The radioactive waste created as a result of nuclear weapons production, and later in enormous quantities by nuclear power plants, has never had a long-term strategy in place to contain it safely from the population and the environment.
Time, in addressing this problem, takes on a whole new dimension. "The half-life of plutonium is 24,000 years. We consider something gone after 10 half-lives, so, 240,000 years," says Allison MacFarlane, Chair of the US Nuclear Regulatory Commission 2012-14, in Galison & Moss' *Containment*, 2015. The WIPP site in Carlsbad, New Mexico, was selected as the destination for America's nuclear waste, in the hope that its natural properties of large salt deposits would help to isolate the waste from water and erosion.

The questions then arise: when conceiving of the safety of this planet into the vast future, what kinds of warning systems and markers might be needed to communicate the peril of what lies beneath? What kind of material could possibly endure across this depth of time? How can memory be enshrined in each generation? How can we protect the future inhabitants of the planet from a catastrophic exploration dig that could end life in their environment? These questions also strike at the core of contemporary art — how do objects,

gestures, monuments and ideas communicate? And how can we act with respect to a period of time we can barely conceive of?

(Peter Galison's text *The Half-Life of Story* in this book gives a detailed account of the historical and conceptual implications of this research).

Mikhail Karikis

Children of Unquiet (2013–15)
Sound installation
Schloßberg (until 18 October) and
GrazMuseum
Commissioned by steirischer
herbst 2015
(site image over)

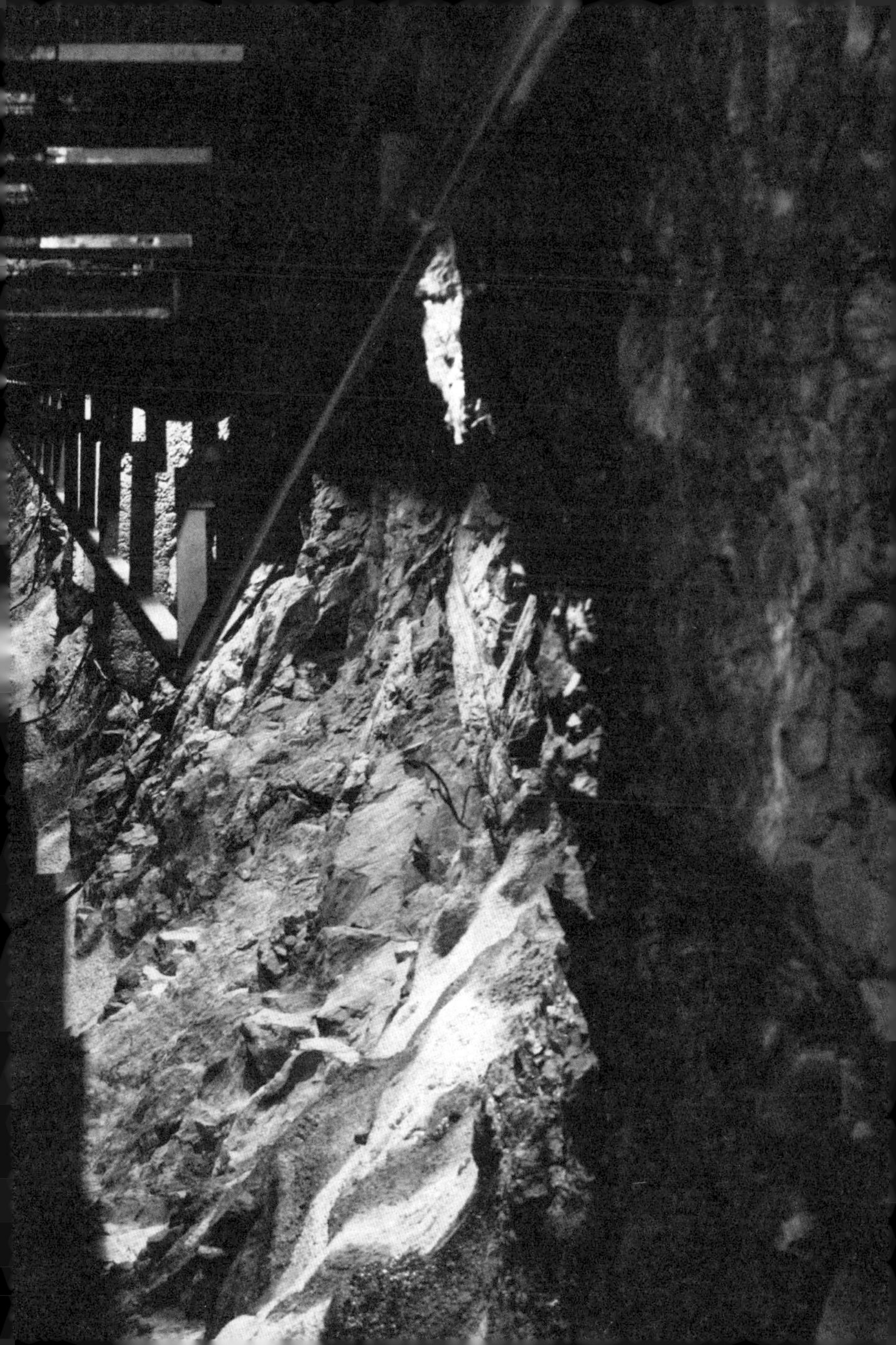

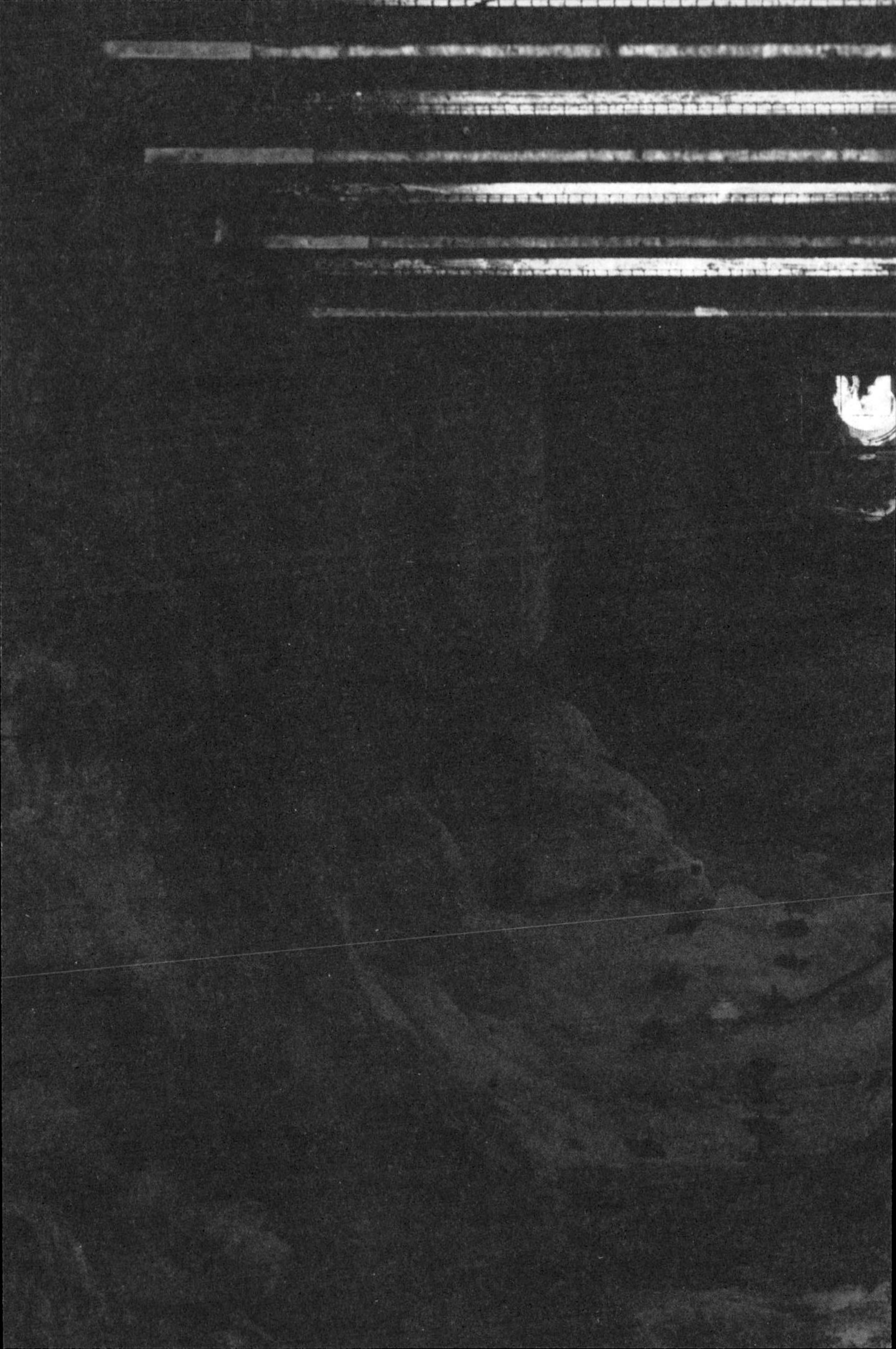

The geothermal area of the Devil's Valley in Tuscany is a unique natural environment where energy is harvested from the evaporating steam of hot granite rocks that lie unusually close to the surface. A place of volcanic activity for centuries, its steaming vents and geothermal pools are said to have inspired some of the most impressive 'visions' in Dante Alighieri's *Inferno*. Mikhail Karikis has been working with this environment for many years, producing the multi-faceted project *Children of Unquiet*. The depopulation of the villages in the Devil's Valley region as a result of the automation of the energy industry has been at the heart of Karikis' research and thinking. Snaked with pipes and hissing with sound, the site itself is an incredibly visceral environment that gives a sense of the sonic landscape beneath the surface. The sounds of pressure, of cracking and whistling, capture the intense energy deep within the bowels of the earth. This is an energy of significant force. In its constant drive to reach the surface, the geothermal energy in this region alone accounts for 10% of the global supply. Yet it also possesses a catastrophic intensity — a vast lake in the nearby Lago Vecchienna rests in a mammoth crater that was formed by a volcanic explosion in the twelfth century. Mikhail Karikis, whose work is known in video installation, photography and objects, has been working in the field of sound for some time. Exquisitely complex and detailed, his recordings of the subterranean activity in the Devil's Valley are edited into a new sound installation for the Schloßberg Tunnels of Graz, while also piped into the echoing stairwell of the GrazMuseum.

Forged during the Second World War as protection from air raids, these tunnels and caves are today a thoroughfare through the hill for the people of Graz. In the caves that flank this rough-hewn passage, Karikis has created a new sound installation. The minutely mottled surfaces within the cave create a deadened reflection, giving sound the ability to whisper, to keep its form, uncorrupted by excessive layers of reverberation. The clock and bell tower atop the Schloßberg date from the sixteenth century (saved from Napoleonic destruction by the people of Graz who paid a ransom for their protection), and are the most iconic monuments of the city. At the Schloßbergplatz entrance is a fairy-tale inscription, one that tells of the Schloßberg's creation as a mythological monument. It tells of the Devil throwing a rock in anger at the town, which broke in two and created the Schloßberg. It's a gentle story with a sudden, unexpected ending, as he then forges his way to hell through the Schöckl. With *Children of Unquiet*, the sounds of this devil's destination and of Dante's *Inferno* have thus been brought back to the caves. Both stories are here evoked, but more so the dangerous, treacherous, uncontrollable and beautiful sounds of the shifting mass of minerals and vapour deep beneath the earth.

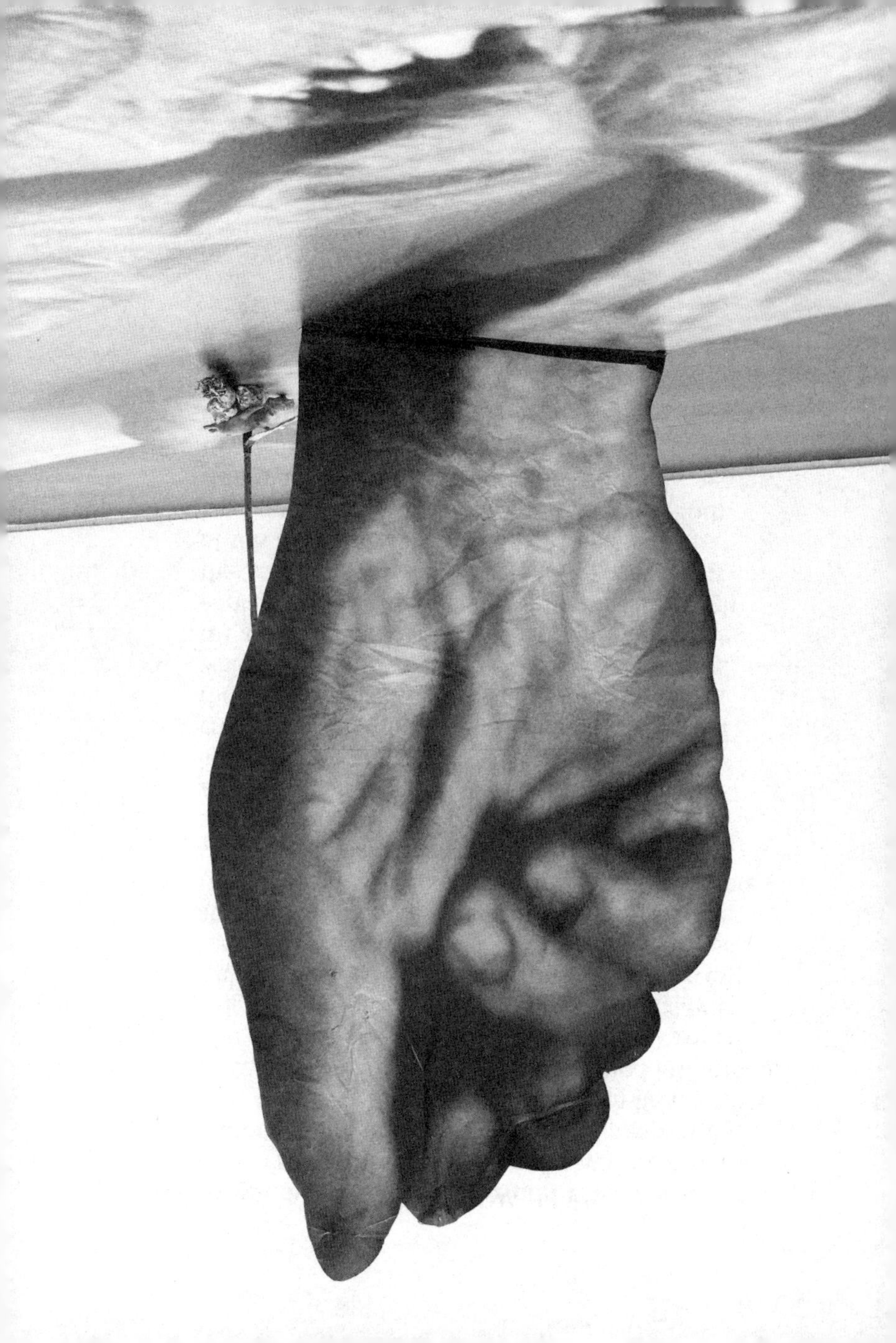

Sam Keogh

Four fold, 2015
Mixed media installation
GrazMuseum
Produced by steirischer
herbst 2015 and supported
by Culture Ireland
(detail left)

The Old Croghan Man, whose image is the centrepiece of Sam Keogh's installation *Four fold*, is thought to be more than 2000 years old. It is one of the bog bodies that have been found across Northern European lands, particularly Denmark, Germany, the Netherlands, the United Kingdom and Ireland. The oldest uncovered thought to be 10,000 years old, they are found in peat bog, the bodies pickled by its highly acidic makeup, and remarkable details of the skin and organs preserved. As a specimen, figures such as the Old Croghan Man are conscripted to provide clues to humanity's cultural and societal development: their diet is analysed from the content of their stomachs; their conditions of labour deduced from the conditions of their nails.

The Old Croghan Man resides in the National Museum of Ireland, but Sam Keogh's feelings of disturbance surrounding the display of ancient bodies originated on a visit to the British Museum with his mother. In the frenetic, disjointed, stream of consciousness performance that 'sets up' the exhibition, he tells us of their encounter with the extreme degree of representation demanded of the British Museum's Gabelein Man — an Egyptian body which was preserved through desiccation in the arid sands of Egypt. Excruciatingly catalogued, a CT scan of the body provided image data for a very detailed digital reconstruction. Projected on a large screen directly above the original, the public was invited to dig ever deeper into its remains, with cross-sections of the body 'offering an interface with the image of the corpse that allows visitors to spin the body on

two axes and cut into its surface. Cross-sections are revealed. Layers of skin, muscle and sinew are peeled back, down to the bone, and down past the bone to the black space beneath' (*Four Fold*).

The sculptures on display throughout the exhibition are 'set-up' or revealed during this performance. They are drawn from the experience of representation as a general phenomenon, as well as the particular experience of these bog and sand bodies. Made from densely compacted jesmonite and other substances, some resemble cross sections, while others act as props. Keogh's work is charged by a nub that he considers a problem — that the representation of a thing can be more effective than the thing itself. Exploring this, he takes us through a jumbled set of memories and mind maps: images stuck to the flaps of bog body skin that he peers beneath, both metaphorically and literally. Rushing around the surface of the image, doing the very thing that he recalled his mother finding insensitive to the dead, he films his performance from his own body. The camera strapped to his chest captures what he sees, and places us as viewers (after the event) in the place of the artist himself — an embodied eye that sees what he saw, scrapes against what he scraped against, and reveals the watchers watching. He cuts and splices through his own memories, truncating his recollections, and changing paths. These bodies once discovered are processed in order to put them on museum display (and many have been lost through those procedures). Once on display they are 'processed' again in order to interpret and represent the thing. Sam Keogh filters

them once more. It seems that processing and mediation of this kind is here to stay, growing ever deeper, thicker, more intrusive and more entangled.

Jean-Luc Moulène

Laura Bush, **Paris, 2014**
Polished concrete

George Walker Bush, **Paris, 2014**
Polished concrete

George Herbert Walker Bush,
Paris, 2014
Polished concrete

All GrazMuseum
(image over)

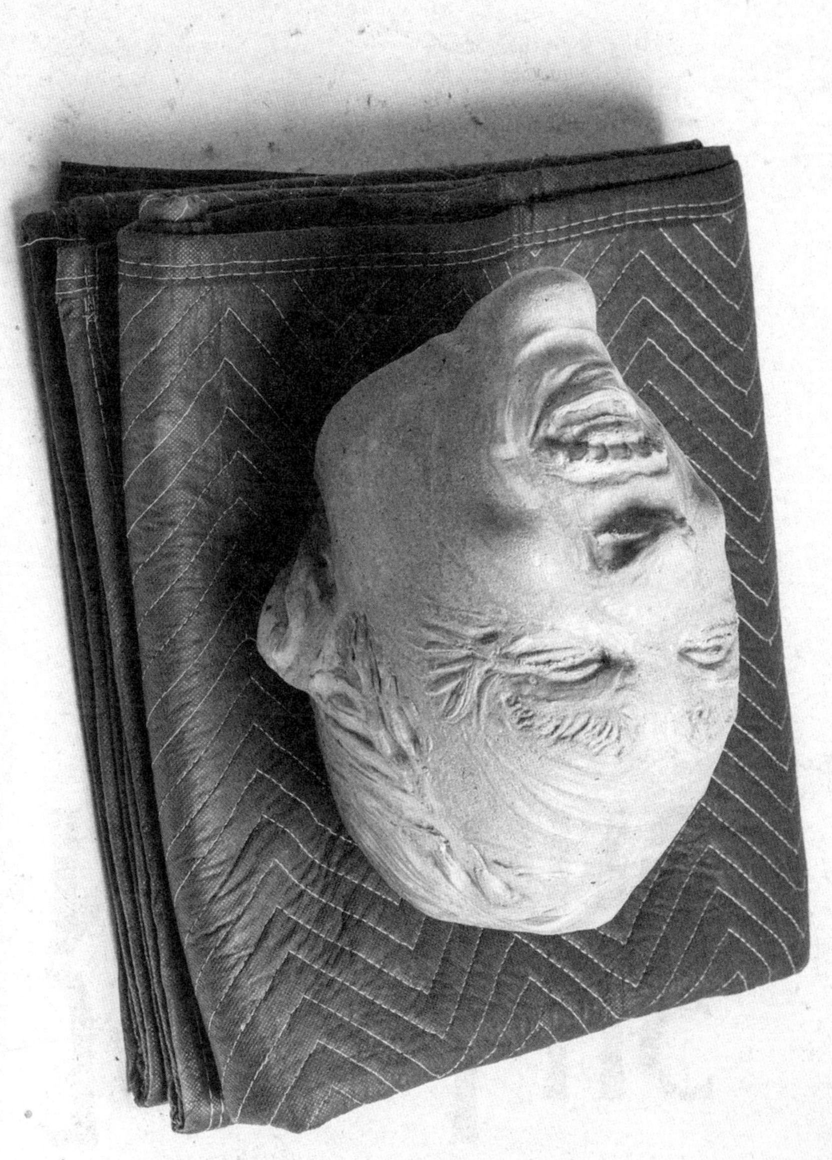

The material force of Jean-Luc Moulène's work hops nimbly around a boundless array of forms and material, from photography, glass, clay and, in the case of his series of masks, concrete. The three sculptures in *Hall of Half-Life* rest on top of blue, folded blankets. They're the kind of blankets a moving company would use to wrap things, to protect them from damage. The forms have an odd legitimacy from the outset: they're displayed, but as though temporarily; they're protected, but not to the degree an art object would be; and they're presented to us, but only from the floor. Part of a wider body of work, the sculptures are made from imprints of moulds of popular culture: disfigured, engorged, defiled or deflated through the very material process of their creation. Jean-Luc Moulène has bought Halloween-type masks from around the world. He has sewn shut their orifices, turned the masks inside out, and then filled them with a mixture of concrete and sand. Although a balance is found between the elasticity of the mask and the weight of the concrete, the resulting sculptures feel like they are poised on the edge of a material and representative precipice.

In the circling, spiralling loop of subject, object and represent, these tronche recast themselves repeatedly (while grinning up at us with ghoul-like relentlessness). The mask is a thing created to masquerade as something else, and Moulène here selects the visages of some of the most globally recognisable faces and characters. To turn the mask into a mould is of course to deny forever its very purpose. But to invert the mask first, to create an

imprint on an object rather than a cast of the mask, confuses our reading of it: it is not a solid version, or a representative thing; it is a new object entirely. Concrete has ready associations with the built environment, while the purpose of the Halloween mask is to represent and parody. But here, as in the conflicting images of cinema montage, the crashing together of two conflicting materials gives birth to a third thing – the unexpected. Mihnea Mircan writes of Jean-Luc Moulène, 'Can an object be said to have its own point of view, not necessarily identical with that of its maker — like Antonin Artaud's 'hammer without a master'? Can an image or an object belong to — and bring together in its 'flesh' — two distinct chronologies, existing at the intersection of histories that take it to different directions?' What are these figures, beyond their material constructions?

Laura Bush, **Paris, 2014**, *George Walker Bush*, **Paris, 2014,** and *George Herbert Walker Bush*, **Paris, 2014** contain the memory of their political dynasty. In the context of this particular exhibition, the Bush administration's willingness to cast aspersions over scientific evidence in relation to climate change floods to mind, as does the denial of climate change that still widely exists amongst democratically elected public representatives. But, convenient as it would be to harness these sculptures as doorways into these political concerns, we won't do it. The lumps resting on packing blankets on the floor are no longer Bush, Bush and Bush. They are concrete sculptures of some beheaded and ghoulish figures from the past, their faces for some reason imprinted

into a long-living material, frozen in time, silenced and wrapped up for safe-keeping. (Concrete can, potentially, maintain its stability for thousands of years). Beheading has after all, in this new century, once again become the dominant image of terror.

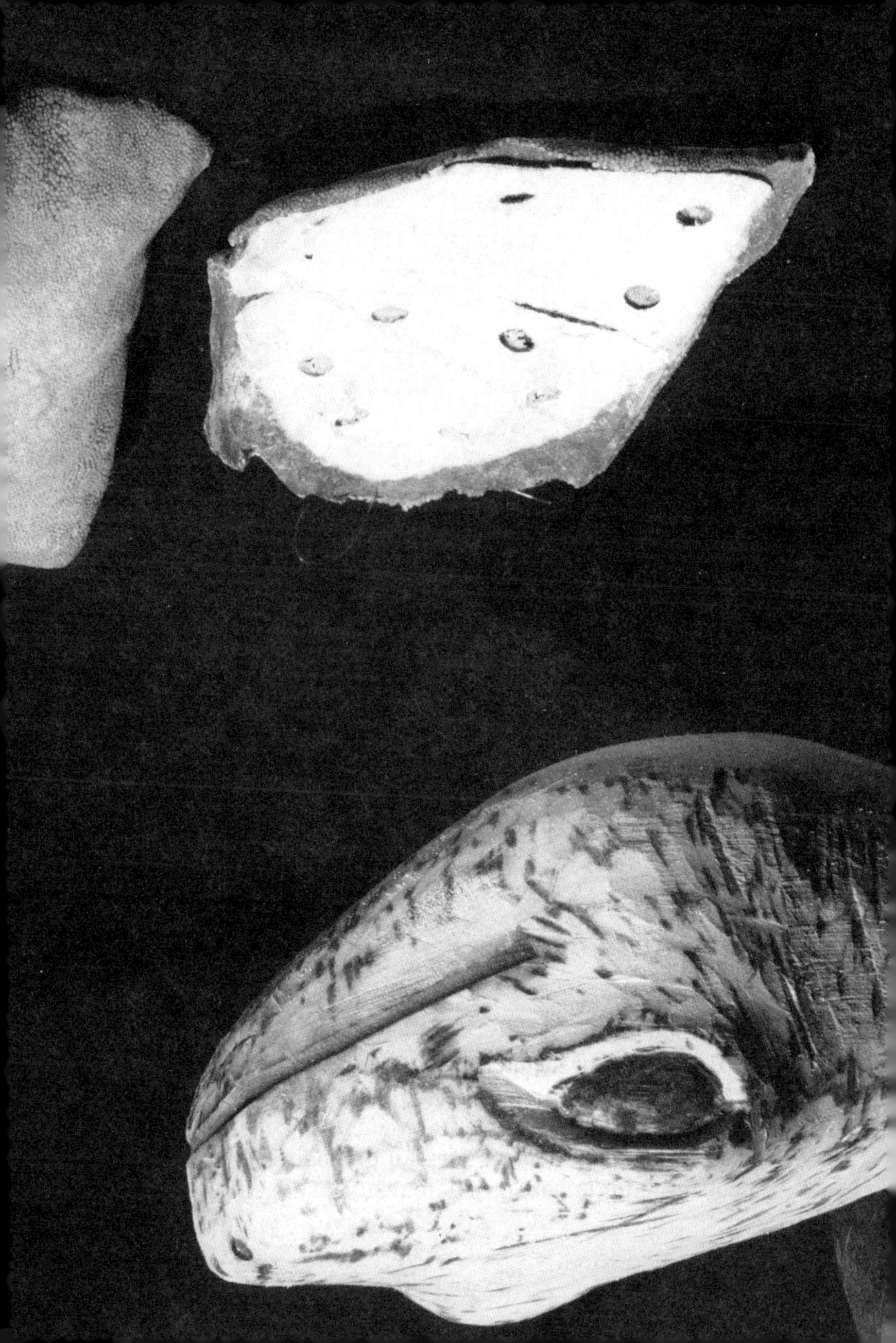

Lonnie van Brummelen & Siebren de Haan

The Social Lives of a Tree, 2015
Installation, replica of a wooden
bench and video
GrazMuseum
Commissioned by steirischer herbst
2015 and supported by Mondriaan
Fund and Kibii Foundation, Surinam
(image detail left)

Lonnie van Brummelen & Siebren de Haan
writing from Surinam in June 2015:

'We witness every day how trucks loaded with
huge logs drive from the rainforests to the
capital. For a few months we have been living
in the Republic of Surinam; a small country on
the northeastern coast of South America. For
centuries this country was a plantation colony
of the Netherlands. The economy of Surinam
is based on resource extraction: gold, bauxiet,
timber. In western societies, when we speak
about material, we often refer to refined and
pure substances: iron, copper, wood — ready
for our use. We tend to forget that this is a
modernist conception of matter. In the real
world, out there, material is never unalloyed or
disconnected. It is part of a mixture, a larger
ecology, an entangled and living organism.

In recent years, some Latin American countries
have adopted new political constitutions,
in which Pachamama (Mother Earth) was
recognised as a nonhuman person with rights
of its own. These constitutions, which give
fundamental rights to entities such as rock
formations, vegetation and bodies of water, are
based on the communal views of indigenous
populations from the Amazonian rainforest.
When these forest people speak of 'community',
they are referring both to its human and its
nonhuman constituents.

What would happen if a non-human citizen from the rainforest community is transformed into a museum bench; a seat for deliberation, made for a realm where objects are seen as militant entities, that lure, repulse, become implicated, take a stance and shape evolving constellations? Could such a transfer from one social sphere to another be an alternative for the logic of extraction? This is the experiment we propose.'

Commissioning a new work with Lonnie van Brummelen & Siebren de Haan is a bit like setting sail with just a compass. The artists do not predetermine their destination and their route is responsive to the winds of chance. Their coordinates of thinking are known clearly, articulated easily, and set them upon a process of encounters and exchanges that lead towards what will finally be present in the artistic work. *The Social Lives of a Tree* merits such an introduction — the work, at time of writing, has already undergone many changes and evolutions.

Economic policy around material resources and an expanded analyses of its impact on communities, cultural histories and the concept of the art object have been a constant area in which these artists probe – from international sugar trade and tariffs in *Monument of Sugar* and cultural colonialism in *Monument to Another Man's Fatherland*, to the fishing industry in their recent film, *Episode of the Sea*. For *The Social Lives of a Tree* the artists have entered the complex culture, knowledge base and economic policies of rainforests by engaging physically and directly.

Van Brummelen & de Haan have spent the past year in a former mining area in Eastern Surinam close to the Amazonian rainforests. With the aim of making a museum bench from a rainforest tree for the steirischer herbst, the artists set off to find a local woodworker. However, like in most resource economies, raw materials in Surinam are mainly extracted to be processed elsewhere. Moengo, the most populated town in the area and housing 10,000 inhabitants, turned out to have only two woodworkers, both of whom were too busy to help the artists produce a bench. They subsequently engaged with the indigenous people of the Arawak tribe, who in response to their request, applied their traditional knowledge, making a bench from rainforest wood in the shape of a turtle. In dialogue with their Arawak collaborators, the artists donated the bench to a local Surinam art museum, alongside the film that charts their adventures and misadventures in the forest. Visitors to the exhibition *Hall of Half-Life* will be sitting on a replica made by the artists — you may even be sitting on it right now — creating a further twist in the tale, and charging a replica with the responsibility of bringing to life this story.

Ulla von Brandenburg

Clowds dissolve in water
(Wolken lösen sich in Wasser)
Site specific installation, including von
Brandenburg's *Sink down mountain, Raise
up valley*, 2015, Super 16mm film, b&w,
sound, 18 min, and artworks drawn
from *Hall of Half-Life*
Porubsky Halle, Leoben
(until 17 October)
Commissioned by steirischer
herbst 2015
(image over from: *Street, Play, Way*, 2014)

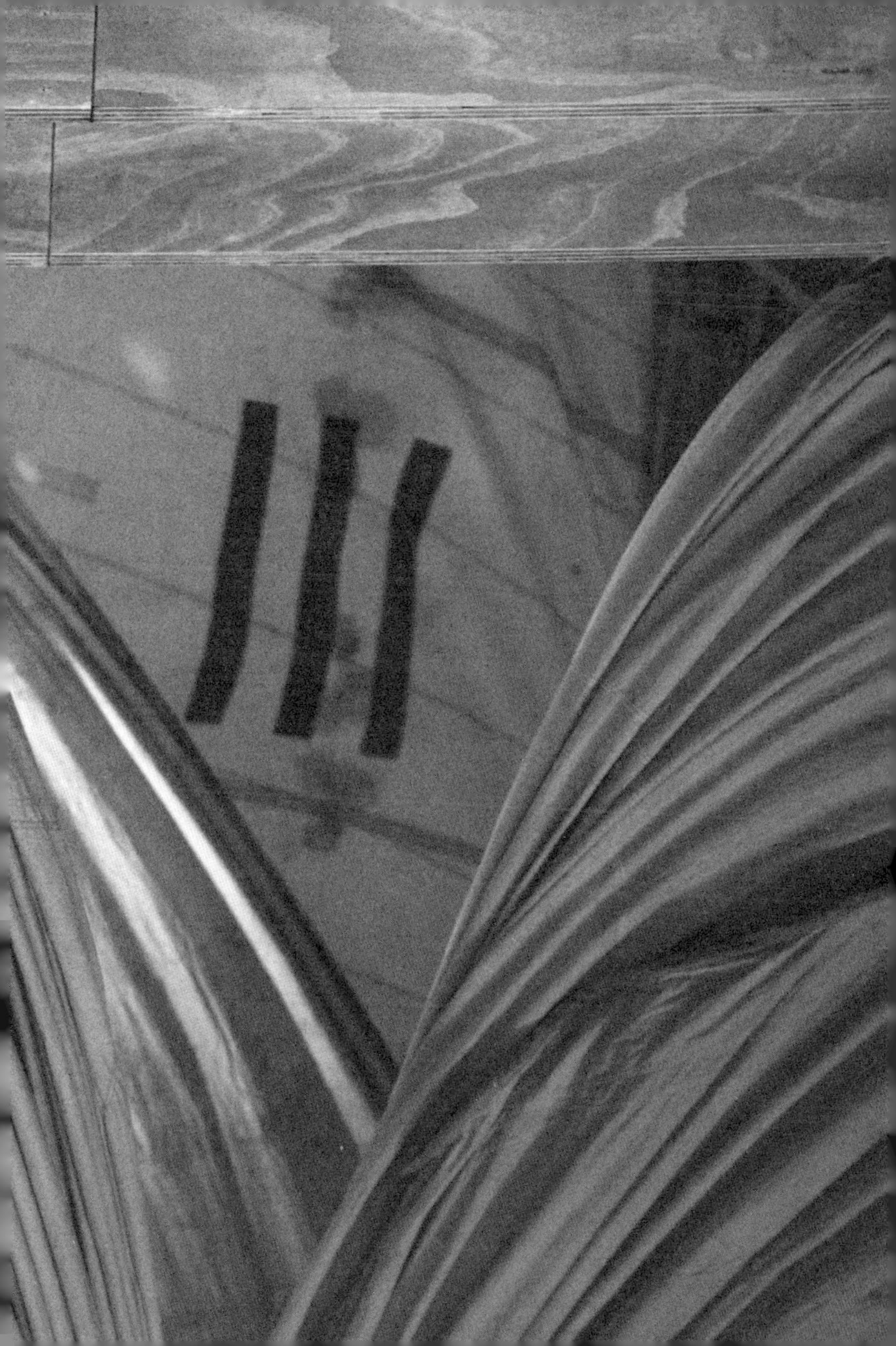

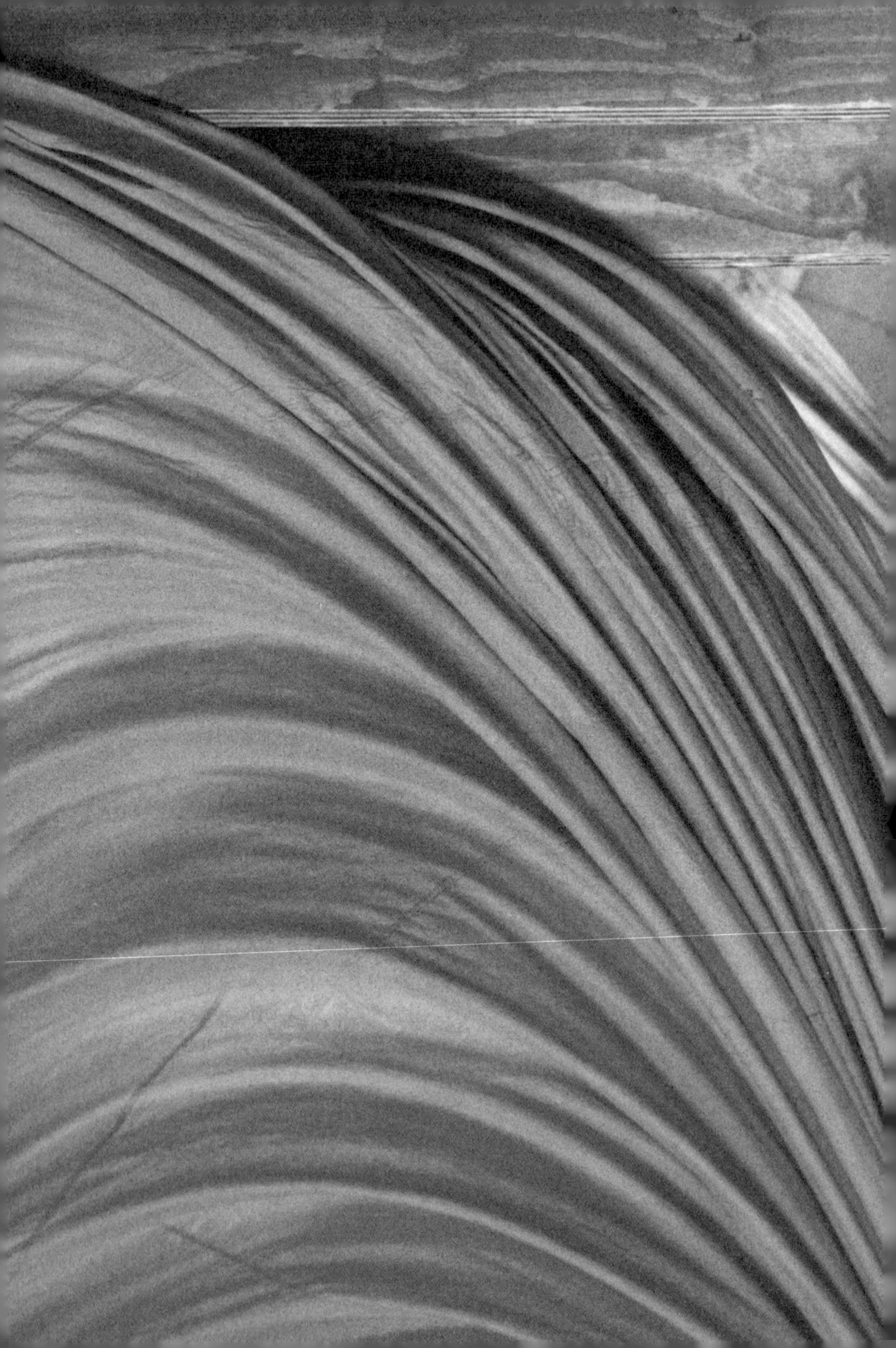

"...Let us go up before those clouds dissolve
in water, and the wind is let loose!" ...
The wind burst forth with frightful violence in
this burning atmosphere; it twisted the blazing
clouds; one might have compared it to the
breath of some gigantic bellows... Then they
enjoyed one of the grandest spectacles that
Nature can offer to the gaze of man. Below
them, the tempest; above them, the starry
firmament, tranquil, mute, impassable, with
the moon projecting her peaceful rays over
these angry clouds.

(Jules Verne, *Five Weeks in a Balloon*)

Clouds dissolve in water embodies some of Ulla von
Brandenburg's most expressive and vernacular
practices, building a vast environment that opens to
the community and city of Leoben.

On arrival at the Porubsky Halle, you first pass
through a set of large, draped curtains. Pulled back
by thick rope, they hang as though made of stone,
creating a mysterious pathway. Next, you find
yourself surrounded by a brightly coloured series of
walls and rooms. As you pass through these, you see
the picture of an iceberg, the photograph of a cave,
a film in Latvian of men and women in a theatre, a
cross section of some kind of body, a log-like cast,
and many other curious things. Finally, you enter a
room that appears to have been rained on, with the
colour washed to the bottom of the walls. Sitting
on blue benches, you encounter nothing other than
space, colour, and an implied invitation.

Ulla von Brandenburg's *Clouds dissolve in water* is made of three demarcated spaces: the theatre; the exhibition; with the final space conceived as just a space. Open to the community of Leoben, it will house a variety of events over the 4-week long steirischer herbst festival, hosting poetry slams, the herbst conference, clothes-swaps and other impromptu events. Although entirely abstract, it recalls baroque illusionistic painting in its curved wall and extended field of blue, an outside brought inside. It could be used for ceremonies, talks, theatre, a speaker's corner, a stage. It is a meditation space, an empty space, a space in which you are invited to rest or to peer into the sky.

Beatrix Ruf has described the work of von Brandenburg as a 'nested continuum of experiential spaces'. *Clouds dissolve in water* is precisely this, with the artist pulling the spectator through the different stages of her work, revealing encounters and layers within each space that multiply their purpose and deepen the overall experience. In the way that John Dewey thinks about undergoing an experience, this work has been conceived as a total work. Yet it can also be split into its component parts. Each with their own kind of aesthetic threshold, these differently articulated spaces point to the inherent collective imaginary and social behaviour that sites of culture embody. The artist places us in familiar, contrasting contexts, while refusing to comply with their most archetypal rules. We find ourselves passing through the theatre, but backstage. In place of the white conventional exhibition cube we encounter a decorated series of tight passageways.

Rather than suspending our disbelief in the blackout room of a cinema, we are bathed in the light and colour of another painted room, alert to its other potentials and ability to transcend its own conventions. It is a work that crosses those different cultural spaces of encounter, and bleeds the quality of one into the other.

Clouds dissolve in water is suffused by the tension inherent in the Jules Verne passage from which its title is drawn. Knowing and unknowing, complete and incomplete, the fourth wall is open and the theatre is waiting for those who might desire to commandeer its stage.

Hall of Half-Life

Tessa Giblin

'the metonymic magic by which, touching an object, you touch what it's touched, touch whom it's touched. Objects of exchange become objects for exchanging one place and another, one time and another, the past for the present, or the present as the past for some undisclosed future.'[1]
Bill Brown.

There are a great many objects and artefacts in our landscapes and museums that continue to both entice and repel attempts to decode their meaning. Whether protected in high-security, temperature-controlled buildings or embedded in the ever undulating outdoors, Neolithic sites and Megalithic structures across the world are subjected to repeated efforts at translation by present-day archaeologists as well as by the many, many generations of custodians who have come before us. They appear constant, unwavering, with the changing readings that have been applied to them through the ages revealing far more about the people who create that meaning than about any essence intrinsic to the stones themselves.[2] As our spiritual and scientific belief systems ebb and flow, the next overwriting the one before, these objects, artefacts, monuments and stones become the mirrors that reflect our cultural ideologies.

Such sites and objects have become extraordinary holders of meaning, often achieving a mythical status in the cultural psyche.[3] And often in the face of fact or accuracy, with human history and geological history coming into parodic contrast at

sites of academic misadventure. One such story is of the inscriptions on the famous Runamo rock in Sweden. Examined by Icelandic runic expert Professor Finn Magnusson, a sole scholar of this extinct language, the extensive inscriptions on the rock face were transcribed and translated. After painstaking work, Magnusson presented an elaborate poetic description of an ancient battle victory to the waiting world. Not long after this big reveal, the lines and etchings were proven by geologists to be little besides cracks and shifts in the rock formation over time. And yet in spite of this exposing embarrassment, Magnusson's debunked translations continue to have a profound influence on Scandinavian literature.

The Runamo saga is not far removed from the enduring conundrum of Stonehenge. As John Michell observes, attempts at peering into the past to decipher this circle of standing stones have led variously to it being named 'a temple, an observatory, a memorial, a parliament, a necropolis, an orrery, a stone-age computer, and much besides. One might almost suppose that it was specially designed to accommodate every notion that could possibly be projected onto it.'[4]

Next to the manmade circle or the accidentally inscripted rock face, stands the unworked and unmarked — the humble stone that contains so much of the history of the land. So too does the sound that emerges from below the surface — the cracking, whistling and burping of the pressured vents where gas escapes from within the earth.[5]

Rather than messengers from the history of humanity, these sounds and stones are messengers from the earth itself, exposed to us through the channels and effects of mining. 'The writing in the rock is the signature of time itself, captured as Valéryan forms in movement, displaying their growth and articulation over eons in the stilled swirls of their inner core, the camouflage stripes and fault-lines of their structure, their veins and cells; it is possible to see clearly, vertiginously, in these sections through a pebble or a rock the flow of organic matter as it took shape and petrified' (Marina Warner).[6] They are stones that rely not on human memory, but have their own memories etched into their very veins. Capturing the imagination of Roger Callois, they represent 'an irreversible cut made into the fabric of the universe. Like fossil imprints, this mark, this trace, is not only an effigy, but the thing itself stabilized by a miracle, which attests to itself and to the hidden laws of our shared formation where the whole of nature was borne along.'[7]

Simultaneously of us but separate from us, whether manmade or natural, we are almost desperate for these materials to speak to us from the depths of the past. But so often these things become a deliberate tabula rasa, confounding any drive to decipher meaning or assign an existential role.

This compulsion to look to the past becomes even more complicated in a time when humanity's presence in the history of the planet can no longer be separated from the planet itself. This is the

core argument for the acceptance of the term Anthropocene: that we have moved into a new geological epoch, defined by humanity's significant (and negative) impact on the planet. Chemist Paul Crutzen advanced the term at a conference in Mexico in 2000. He had also uncovered the role that Thomas Midgely, the inventor of CFCs, had in creating the chlorofluorocarbons that Crutzen had earlier discovered were destroying the ozone later. Crutzen identified Midgely as a shocking and powerful example of the impact one singular organism could have on an entire ecosystem.[8] The Anthropocene has quickly garnered momentum as both a real and accurate realisation of epic change within the planet's environment and biosphere, becoming at the same time a powerful semantic tool.

Although it can be convenient to judge with horror the democratically elected officials and leaders who openly assert either ignorance or corruption when denying climate change is caused by humans, many of us (with noble exceptions) are participants in the new knowledge's hypocrisy. The interconnectedness of the planet's systems are at odds with how we live within it: private gain, nation states, empire borders — all of these things become irrelevant when toxic clouds from the Chernobyl fallout circle the globe, the hole in the ozone layer coalesces over Antarctica or Fukushima's radioactive fallout continues to seep into water supplies and ocean currents.

On 13 February 1997, nearly 4.8 million Lego toy pieces fell from the Tokio Express container ship

during a storm off Land's End, United Kingdom.
These tiny, bright, plastic octopus parts, spades,
blocks and many other pieces continue to be
catalogued as they wash up on beaches and along
estuaries across the world. In their collection and
documentation, the Legos have becomes runes
to be deciphered, artefacts that catalyse a serious
awareness of the interconnectedness of all earth's
organisms and systems.

We thus find ourselves in a period in which the
natural and manmade worlds have been drawn closer
together than ever before. Christian Schwägerl states
it very clearly when he writes: 'In the Holocene
there was always the 'big world out there', the 'great
outdoors', an infinite natural word that seemed
inexhaustible... In the Anthropocene there is only
'the great inside', jointly shaped by each one of us
in everyday life... We are not separate from our
environment.'[9]

As Lonnie van Brummelen & Siebren de Haan wrote
when developing their new work for this exhibition:
'In the real world, out there, material is never
unalloyed or disconnected. It is part of a mixture, a
larger ecology, an entangled and living organism'.[10]
We can no longer afford to think of nature as being
something beyond us. We can no longer dream of
the *wild*. The distinction between manmade and
natural artefacts that we may have relied on when
studying objects of the past seems more and more
unreliable, at least when considering how our culture
may be studied from the future. As it was for our
predecessors, there will be evidence that endures

in our landscapes: the things that communicate because we create them with that intention such as monuments and burial sites; and the incidentals; the landfills and by-products of industry, the 'artificially created elements, radioactive fallout from atom bomb tests, an increase in atmospheric carbon dioxide, plastic waste, and the colourful assortment of archaeological substrata beneath cities.'[11] As Peter Galison has described in his presentations on Wastelands and Wildernesses, these two types of habitat, demarcated for entirely different reasons, may be indistinguishable from each other in the future. Zones of military exclusion, radioactive sites or simply abandoned places quickly develop rich biodiversity in the absence of humans.

But what of that future? We can no longer envisage a continuum into future as related to a depth of knowledge into humanity's past. We can no longer conveniently assume ourselves to be in the middle of an arc of time. As Geoffrey Farmer reminds us: 'In the Puranas, an ancient Hindu text, the universe is described as cyclical, blinking for 4,320,000,000 years and then sleeping, awaking and beginning again.'[12] The nuclear waste that is finally being buried in long term containment facilities around the world exists in a wholly different temporal relationship to our understanding of human history, marked as it is by minutes, days, decades, eras. Plutonium has a half-life of 24,000 years. We consider something gone after 10 half-lives, so the plutonium (or whatever it radioactively decays into) is going to remain dangerous and toxic to life on earth for 240,000 years.[13] This is still, for most

of us, an almost inconceivable expanse of time. Stratigraphers, those terrestrial timekeepers who have named the epochs, might be able to bounce their minds millions and billions of years into the past while checking their email, but for the rest of us, our everyday concept of time is much more minute.

Projects such as *The Clock of the Long Now* — a timepiece that is being built to have a single revolution over 10,000 years — attempt to stretch the human imagination by literally stretching the conventional representation of time. Scientists, artists and philanthropists are trying to get us to see ourselves within a much bigger temporal field, to embolden us to act in the interest of those beyond us and beyond our time. With the increasing speed of communications, actions being reflected immediately on the stock market, media, and now social media, the relationship with one's sense of place in the world looms larger than life. Narrower and narrower becomes the consideration of the future and the past, shorter is the attention span and more demanding the need for information consumption. All of this in the time when it is more important than ever to see ourselves as part of a bigger story, a longer history of which we are the collective custodians.

In the year 2030, when the nuclear waste containment facility — the WIPP site in New Mexico — is full, it will be permanently closed and sealed. On top of it will be placed markers: warnings that describe its peril, designed to communicate toward

an agreed-upon 10,000 year future.[14] But what kinds of forms, materials, ruins or messages could communicate into such a vast, uncharted future? Many intentional memorials we live with today are complicated, most visibly so when we debate their conceptualisation and construction in public. But as a safety deposit box for human memory, monuments and memorials cut both ways: they are valuable reminders in the 'Least we Forget' vein, but they may also be a convenient way to devolve that very responsibility of remembrance to an object, allowing us to collectively move on.[15] And as with all distance, there comes an element of forgetting. Julia Bryan-Wilson makes the point that in putting great energy into the creation of the WIPP warning markers today, the authorities are refusing to admit a contaminated present: 'One could say that the marker commemorates something that has not yet happened in order to erase that which has, building a huge marker to rivet our gaze away from the Savannah River Site in South Carolina or the Nevada Test Site.'[16] In looking to the future as a way to cleanse the present, inevitably we stumble over an unpredictable rate of decay.

'Consider what the ruin has meant, or might mean today: a reminder of the universal reality of collapse and rot; a warning from the past about the destiny of our own or any other civilisation; an ideal of beauty that is alluring exactly because of its flaws and failures; the symbol of a certain melancholic or maundering state of mind; an image of equilibrium between nature and culture; a

memorial to the fallen of an ancient or recent war; the very picture of economic hubris or industrial decline; a desolate playground in whose cracked and weed-infested precincts we have space and time to imagine a future. We ask a great deal from ruins, and divine a lot of sense from their silence.'
(Brian Dillon, *Ruin Lust* 2014)[17]

With the myriad of alterations being made to the land, how will the inhabitants of the future distinguish between monuments and earthworks on the one hand, and the left-over mines or quarries where minerals have been extracted or fossil fuels spent on the other?[18] Will people be able to differentiate the species of flora, fauna and animal species that have been cultivated by man from those that predate us? Will environmental catastrophes such as storms and earthquakes be deemed as natural at all? Can myths really endure across greater periods than objects? Will language really evolve to a degree that today's languages will be indecipherable? Will images, concepts, representations and signifiers, be as much the work of algorithms as they will the work of artists?[19] Will the knowledge of the true horror of that nuclear waste be so inscribed on the human psyche that generations on parents will pass on the meaning of the markers to the children as a story of importance? Or will they, like most of Japan's tsunami stones before its catastrophe, pass out of human memory?[20] Will evolution render the custodians of those markers in the future human at all?

The incidental, accidental, enigmatic messengers
from the past and present stand in contrast to those
that are undoubtedly created to communicate
with the future. In the ancient lands of Aboriginal
Australia, the prehistoric Gwion Gwion cave
paintings may have been created with a very
advanced understanding of time and durability.
Their lines of pigment have been inhabited by
bacteria and fungi, which have symbiotically fed off
each other for many tens of thousands of years, the
pigment and fungi woven in a process of perpetual
self–painting. Australian Aboriginal culture has had
a highly evolved conceptual relationship with time
and temporal fields, and it appears that these ancient
peoples created the drawings with this very ability
in mind – to remain alive, rewriting themselves
throughout the ages, etching ever deeper into the
rock surface. As Mihnea Mircan puts it, these
paintings: 'are as much a product of prehistory, of a
paradigm that pairs life, knowledge, image and world
in ways we can only speculate upon, as they are
made *now*, in a radical contemporaneity'.[21]

If we really lived in a time that is conscious of yet
to come, all (rather than a rare, but fascinating
few) architectural propositions would come with
predictions of decay, entropy and ruination as part
of their bid to win the competition in the first
place. And, like the ancient artists of the Gwion
Gwion paintings, we would entwine ourselves and
our monuments with the spirit and agents of decay
in order to continue communicating into the deep
future.

As the fourteen essays in this book attest, art for its own unique reasons sometimes resembles an interconnected earth system, and artists are in the thick of this human story, one eye looking forward, the other looking back. These are the preoccupations of *Hall of Half-Life*, this planet is also the terrain of contemporary art.

[1] Bill Brown, 'Anarchéologie: Object Worlds & Other Things, Circa Now', from 'The Way of the Shovel', ed Dieter Roelstraet, MCA Chicago, 2013, p. 259.

[2] Lucy Lippard puts it very eloquently when she writes, 'When I cross a moor on which no tree, habitation or person is visible, and come upon a ring of ragged stones, a single rough-hewn pillar, a line curving away over a hill, a gently rounded mound or cairn of stones, I know this is human-made. I think neither of a boundless nature nor of gods or goddesses, but of the people who made these places.' Lucy Lippard, *Overlay*, The New Press, New York, 1983, p. 4.

[3] See text on Sam Keogh

[4] '...Stonehenge is now acknowledged as the classic battleground of archaeology, where scholarly reputations are sacrificed and where every new generation massacres the theories of its predecessors.' John Michell, 'Megalithomania — Artists, antiquarians and archaeologists at the old stone monuments', Thames & Hudson Ltd., London, 1982, p. 22.

[5] See texts on Mikhail Karikis, Mikala Dwyer and Lara Almarcegui

[6] Marina Warner, The Writing of Stones, Cabinet, Issue 29, 'Sloth' Spring 2008, also available at http://cabinetmagazine.org/issues/29/warner.php.

[7] Quoted from Marina Warner, Ibid, of her translation of Roger Caillois, *Pierres* (Paris: Gallimard, 1966), p. 117. She writes '"Shared formation" here translates Caillois's phrase *lancée commune*, literally "shared thrownness," which evokes the working of clay on a potter's wheel'.

[8] See texts on Stéphane Béna Hanly and Jean-Luc Moulène

[9] Christian Schwägerl, 'The Anthropocene – The Human Era and How it Shapes Our Planet', Synergetic Press, Sante Fe & London, 2014 (English trans), p. 45.

[10] See text on Lonnie van Brummelen & Siebren de Haan

[11] 'After the conference in Mexico [during which Paul Crutzen so influentially used the term 'The Anthropocene'], it quickly became apparent that there were hundreds and thousands of extant observations, studies and analyses showing that modern humans were indeed changing the Earth in a radical, long-term manner within a very short space of time, so much so, that future geologists will notice these changes.' Christian Schwägerl, 'The Anthropocene — The Human Era and How it Shapes Our Planet', Synergetic Press, Sante Fe & London, 2014 (English trans), p. 52.

[12] See text on Geoffrey Farmer

[13] These figures are presented by Allison

MacFarlane, Chair of the US Nuclear
Regulatory Commission, 2012–14, in the
film *Containment*, 2015, Peter Galison & Robb
Moss, from which *Landscapes of Stopped Time* has
been developed.

14 See Peter Galison, *The Half-Life of Story* in this
book for a full discussion of the WIPP site and
its proposed markers.

15 See text on Harun Farocki

16 Bryan-Wilson goes on to write: 'The questions
that WIPP raises about the persistence of
information and memory loss are strikingly
relevant for art history: all images regard the
future, it just depends on how far out we draw
the timeline.' Julia Bryan-Wilson, 'Building a
Marker of Nuclear Warning', *Monuments and
Memory, Made and Unmade*. Margaret Olin and
Robert Nelson (Eds). University of Chicago
Press. Fall 2003: 183-204.

17 Brian Dillon, *Ruin Lust*, Tate Publishing,
London, 2014, p. 5

18 See text on Simon Boudvin

19 See text on Regina de Miguel

20 See text on Peter Galison & Robb Moss.

21 'A 2010 archaeological study found that
the prehistoric Gwion Gwion paintings in
Australia, whose chromatic vividness contrasts
with their age and their exposure to sun and
rain, are inhabited by 'living pigments'. A
symbiotic biofilm of red cyanobacteria and
black fungi sustains a process of permanent
self-painting, while also etching the pictures
deeper into the quartz wall. The texts
commissioned for the reader respond, from
a variety of disciplinary perspectives, to an
idiosyncratic temporality and economy —
or ecology — of signification. Descending
from and inscrutable past to the same
extent that they are made now, in a radical
contemporaneity, the Gwion Gwion are
examined as an allegorical metabolism that
generates new articulations of 'art' and 'life',
contamination and purity, prehistory and
modernity, bacterial and human colonies,
lost knowledge and scientific advancement
— collaborative relations between antonyms,
altered schemas of 'origin' and 'identity'.'
From the reader accompanying an exhibition
called *Allegory of the Cave Painting*, curated by
Mihnea Mircan at Extra City, Antwerp, which
took this story as its nexus. Mihnea Mircan &
Vincent W.J. van Gerven Oei (eds), Allegory
of the Cave Painting, Extra City Kunsthal /
Mousse Publishing, 2015.

The Half-Life of Story

Peter Galison

On the eve of all-out war, scientists in Nazi Germany (most famously Werner Heisenberg) alerted the German weapons authorities that a uranium-based fission bomb might be made. On the other side of the Atlantic, Albert Einstein wrote President Roosevelt that the Germans might well try to build such a decisive weapon and that America should be alert. By 1942, the Manhattan Project was underway in the United States; within months a new industry began to arise, two billions of dollars lifting it from test tube and table top to a factory complex stretching from coast to coast.

The dawn of the Cold War in 1947 produced a myriad of new studies about the future of warfare—but it was the Korean conflict of 1950 to 1953 that launched a vast, never-to-be demobilised armed force. In this state of permanent alert, planning continued unbroken. Commander of the US Air Force, Henry H. (Happ) Arnold launched 'Project Rand' as a way of forecasting the character of future intercontinental war. The project became a part of Douglas Aircraft and, soon after, a hugely influential non-profit think-tank. One of the Rand's first reports was 'Preliminary Design of an Experimental World-Circling Spaceship.'[1] Though its title sounds like science fiction, over the next ten years the preliminary design morphed into a major Air Force effort to develop reconnaissance satellites.

Planning documents took many forms—from qualitative proposals to mathematical economic forecasts. But among this new literature of future war there figured a novel form of imagination, a

new, fragmented form of story-telling that came to be known as the *scenario*. Located somewhere between a story outline and ever-more sophisticated role-playing, war games scenarios multiplied. Developed and popularised by the defence intellectual Herman Kahn (a model for Stanley Kubrick's Dr. Strangelove), the scenario emerged from war gaming to become a staple of the new futurism. Both celebrated and reviled for his view that nuclear war was 'survivable', Kahn insisted to politicians, civil defence, and military leaders that they must think through what might actually happen after thermonuclear war—even if millions lay dead.[2] In his 1962 book, *Thinking the Unthinkable*, Kahn outlined what he meant by this novel (or at least newly-deployed) concept: 'A scenario results from an attempt to describe in more or less detail some hypothetical sequence of events.' It could emphasise some 'future history' process of armed escalation, of the spread of war or its contraction. Scenarios could investigate in short narrative form a limited war or, for that matter, the termination of a nuclear exchange. 'The scenario is particularly suited to dealing with several aspects of a problem more or less simultaneously [helping us] get a feel for events and the branching points dependent upon critical choices.'[3]

The reason scenarios were required in this most destructive of imagined futures was that we, in fact, had little to go on from lived history. Kahn insisted, 'Thermonuclear wars are not only unpleasant events they are, fortunately, unexperienced events, and the crises which threaten such wars are almost

equally unexperienced.' As Kahn saw them, scenarios carried five advantages over other forms of prognostication.[4] Scenarios dramatised particular elements of reality, forced planners to confront key details, and captured simultaneously bits of psychology, sociology, and political and military texture which mathematical models could not. More than that, scenarios zeroed in on specific choices—playing out alternative endings to real crises like Lebanon, Suez, or Berlin.

Kahn conjured, for example, a scenario that could lead the Soviets to launch a pre-emptive thermonuclear attack on the Unites States, based on a 'calculated win.' But Kahn also says that there are imponderables—difficulties that might arise as the Kremlin moved toward the decisive flick of the switch. Here is Kahn imagining Premier Nikita Krushchev in contentious imaginary dialogue with one of his generals, including the long-and-ever-contested Ukrainians. In this fantastical exchange, Krushchev says: "I will pick up the phone and say 'Fire!' The officer will reply, 'What did you say?' I will repeat, 'Fire!' He will say, 'There seems to be a bad connection. I keep hearing the word 'Fire.'' I will say, 'if you don't fire I will have you boiled in oil'. He will say, 'I *heard you* that time. Don't fire! Thank you very much!'"[5]

Here we have three features of the nuclear scenario: first, an apocalyptic imaginary surrounding the whole, giving the mini-narrative a frisson of terror; second, a pseudo-specificity of reference—here a colloquial dialogue; and third, a caricatural

sketch of reality, an extension of some element of the world into its asymptotic extreme. Such scenarios extended easily into a kind of (military) improvisational theatre. An example: 'The incident is the explosion of a nuclear weapon at a S[trategic] A[ir] C[ommand] base near Mobile, Alabama, killing 50,000 people. In addition to estimates of destruction and casualties, the President receives the following information: the location of the explosion is consistent with accident or sabotage; there was only a slight likelihood that the explosion was an enemy bomb'. Officers and politicians began imagining how they would respond. Once again—apocalypse, specificity, caricature.[6]

Rewriting history into scenarios became another way to 'practice' dealing with the endless crisis of the Cold War. Kahn provided his readers with ten such scenarios ranging from ancient to contemporary times—even Biblical and fictional episodes could be transmuted into scenarios. King Arthur's Camlann, Pearl Harbor, the Reichstag Fire–the list goes on, each reduced to a logline or two. From the Berlin Blockade back to Biblical Armageddon, this heady mix was suddenly even more relevant after the Cuban missile crisis of October 1962[7] – in turn powering even more Kahn scenarios: unintentional, tactical, mutually provocative 'what ifs' that spiraled from an East German event to a Cuban standoff.[8] Kahn's scenario building between fact and fiction caught on—and was used by some of the largest corporations in the world. Pierre Wack, at Royal Dutch Shell, was well aware of Kahn's cataclysmic scenarios, and began adapting scenario thinking

to the oil production and consumption in the late 1960s and early 1970s. Shell futurists began writing storylines warning that oil oversupply might well switch into undersupply—putting the Arabian Gulf into position of unprecedented power as they bolstered their hand by limiting production.[9]

Over the years, Shell expanded its cadre of future writers and came, more and more, to integrate their scenarists' creations into managerial decision-making. In 2014, for example, anyone could click through the Shell site to see a film illustrating two alternative scenarios about the future of energy, both running to 2050. Number one is called 'Scramble' (the bad, reactive future) and the other 'Blueprints' (the good, prudential future). In the cautionary Scramble, people eventually insist on energy efficiency, and the government 'finally take[s] steps', leading to 'knee jerk' legislation with poorly thought-out policy. Construction companies are unable to adapt quickly enough to the newly-imposed regulations, and only a paltry 15% cut in energy can be effected. Under 'Blueprints', the way forward is deliberate and systematic, with 60% of energy produced by renewables.[10] By the late 1960s, futurists wove themselves deep into the industrial forecasting world, under contract not just to Shell Oil, but to many of the world's biggest corporations, to the National Aeronautics and Space Administration, and to nuclear war planners.

Lurking within the nuclear world was another kind of problem—what to do with the vast quantities of nuclear weapons and power-generated waste that

had been accumulated since early in World War II? Some of it—like plutonium (half-life of 24,100 years)—lasted longer, far longer, than the entire history of human civilisation. By 1957, endorsed by the National Academy of Sciences, a scientific, if not a political consensus was growing that all this weapons waste—not to speak of civilian nuclear power waste—should be buried in a deep, mined repository, preferably in salt that would creep around the interred material, and encase it for the very long term. After decades of political wrangling and backroom deals, the Department of Energy (DOE) chose a site in southeast New Mexico, about 26 miles from Carlsbad. But before the waste site could open, Congress demanded, and the Environmental Protection Agency (EPA) specified, that the DOE had to have a plan that would keep humans from inadvertently stumbling into the waste. Not surprisingly, the period of warning had to be commensurate with the threat; the way the EPA handled most any dangerous material. But unlike many chemicals that broke down over time, the threat from plutonium and other transuranic waste was to be measured in astonishing times. The EPA settled on the period of 10,000 years, long enough to get a jump on the problem during which the geology should remain fairly stable, short enough (so to speak) to be commensurate with recorded human history.

So if you want to talk to the very far future, the 10,000-year future, who would you call? The Department of Energy, through its Sandia nuclear weapons laboratory, located on the Kirtland Air

Force Base near Albuquerque, New Mexico, pulled in futurists like Theodore J. Gordon. Gordon had sketched far-future, inter-planetary projects for NASA (and been chief engineer on the upper stage of the Saturn V), had worked for the Rand Corporation on future studies, and used his own company, The Futures Group, to consult for a wide range of corporations.

Gordon and his 'Boston Group'—including the Yale sociologist and futurist Wendell Bell—began writing scenarios of the future in which people, hundreds of generations in the future, would penetrate the site. If they could anticipate the modes of penetration, then perhaps the warning monument people could block that scenario from coming to pass. The monument makers saw their task as having four imperatives: the monument would have to survive, it would have to be understood, it would need to be recognised as a warning, and the warning would have to be heeded. The scenarists concentrated many of their imaginings on scenarios where the monument would survive and was even understood—but was not believed.

Bell, the sociologist, and chief author of many of the key scenarios, had been a Navy pilot at the tail end of the Second World War, stationed in the Pacific. Horrified by the brutality of occupation that he witnessed, he turned after graduate school to consulting with emerging post-colonial states in the Caribbean and elsewhere as they began to plan their futures. At Yale during the 1960s, he played an active role in the establishment of an Afro-American programme of study, and in opening the university

to women. Bell and Gordon's sympathy for social liberalisation did not extend to epistemic challenges to science. They and the other members of their group saw movements—in their 1989 present—who, they believed, rejected the authority of science.

Here is how the Waste Isolation Pilot Plant (WIPP) scenarists outlined their task: 'What social conditions and individual or group motivation might result in penetration into the WIPP repository...? Let all things be considered so that the marker teams can comprehensively devise ways of marking... Thinking the unthinkable is part of our task'. The scenarios went back to Kahn. Even their phrase, 'thinking the unthinkable' echoed back to nuclear war fighting scenarios—it was, as we have seen, the title of one of Kahn's most discussed books, the very one in which he first popularised the idea of scenario writing. And again like Kahn, the authors stressed that their musings were extrapolated from currently observable trends and tendencies. 'The scenarios, however, may be less unthinkable than they first appear. Each is based on developments for which precursors already exist, from feminist theory and post-/(and anti-) positivist beliefs to rudimentary artificial intelligence, computer 'viruses' and space travel. The references given are genuine and point to such precursors'.[11]

The Boston Group's 'point scenarios' were not the only ones, nor were such stories the only form of prognostication—there were also quantitative simulations. But taken together, the Boston team's ten stories (set in the Southwest from AD 2091 to the thirteenth millennium), form a kind of

overarching sketch of the kind of anxieties troubling the state-sponsored futurists as they surveyed the cultural landscape. Each built on current trends and rocketed them out to a wild asymptotic limit. Every one (or rather all but one) ended with the catastrophic release of radiation. And each bore a kind of narrative particularity: 'these scenarios are quite detailed. As such they contain specific, imagined events or people. This does not necessarily limit the usefulness of these scenarios. The specificity is useful to give a sense of credibility to the setting'.[12]

The writers labelled their first scenario, astonishingly enough the very *first* listed threat, 'A Feminist World, 2091'. 'Men and their violent acts had nearly destroyed human civilization'. Women deliberately chose to have more girl children than boys, and the values associated with masculinist thinking, ranging from 'abstract and analytic thinking' through 'quantification, objectivity, universality, domination, repression and technical manipulation' fell into disrepute. Citing work by Roslyn Bologh's 1990 *Love or Greatness: Max Weber and Masculine Thinking, a Feminist Inquiry*; Sandra Harding's 1986 *The Science Question in Feminism*, and Linda Nicholson's 1989 *Feminism/Postmodernism*, the Boston Group imagined, feared and prophesied that a preference for 'emancipatory theorizing, eros nature, particularity, the development of self-consciousness, interpretationism, and ethical decision-making' might trump the older forms of instrumental thought. In the hundred-year future, so the caricature-scenario concluded, these trends could

be triumphant and a 'Feminist Alternative Potash Corporation' might see the markers, understand the markers, and not believe them. 'They proceeded to mine for the potash that they believe to be there, inadvertently penetrating a disposal room and releasing radionuclides into the accessible environment'.[13]

If feminist epistemologists were the first threat, a second hundred-year danger issued from historians and philosophers of science (joined by other academics) run amok. A cult group, known as the Markuhnians (Herbert Marcuse's 1964 *One-Dimensional Man* morphed with Thomas S. Kuhn's 1962 *Structure of Scientific Revolutions*) had lost faith in the claims of 'positivist science'. Bolstered by founding texts of Paul Feyerabend (*Against Method: Outline of an Anarchistic Theory of Knowledge*), Imre Lakatos 1968 (*The Problem of Inductive Logic*), and others, the religious movement held fast to the idea that the depiction of reality simply depended 'on one's perspective, interests, social position, and prior beliefs and values'. Subjectivists and relativists to the core, the Markuhnians 'deified their early views of intuition and insight' as ways of knowing the world, and blamed established science for the disastrous consequences of nuclear weapons, irresponsible radiological disposal, nuclear power, and other wasteful, dangerous excesses of big science, including the Superconducting Supercollider. Believing that revelatory scrolls were buried in the area, a cult leader, modeled on James Jones who had drawn his followers into mass suicide, led a digging expedition that ended, tragically, when

a geyser of radioactive salt water burst from the old waste site.[14]

So the scenarios went—apocalypse, specificity, caricature. There was 'Buried Treasure', in which Mexican fortune hunters thought the markers

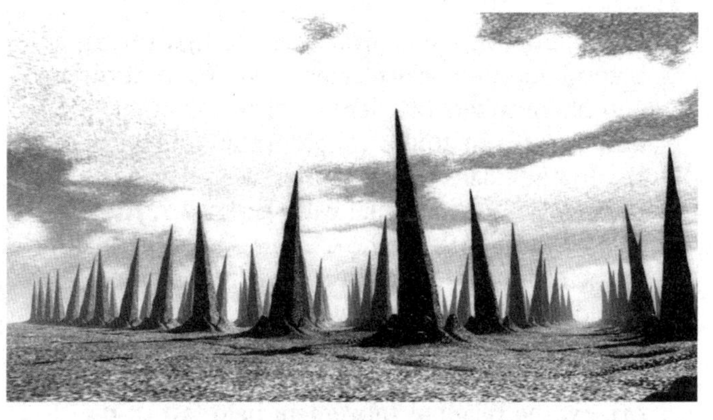

indicated the presence of valuables. There was 'Virus Impairs Computerized People', where robots acted beyond their programmed authority. There was a Japanese auto plant in Roswell, New Mexico. In these waking nightmares, come together the threats felt in that last year of the Cold War—immigration, feminists, science wars, foreign economies, out-of-control technology. There was one and only one salvational story—Bell wanted it included even if their instructions were to look only at modes of failure. In it, the one and only Hollywood ending, the government had wisely established an amusement park above the

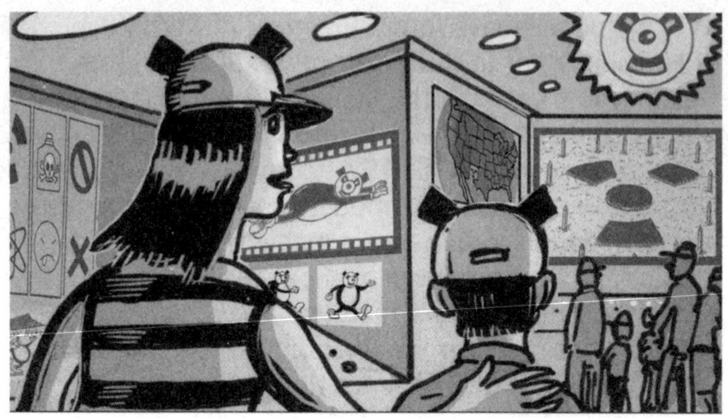

Image left: Spike Fields, frame from Maya 3D motion animation, David Lobser; image above: 2D graphic image, Peter Kuper; both from Galison and Moss, *Containment* (2015) and *Landscapes of Stopped Time*, (2015)

waste site so that memory, passed from generation to generation, could remain strong even as rock crumbled into dust. A deliberately created mythic character, Nickey Nuke (modeled on a combination of Mickey Mouse, Smokey the Bear and Adam and Eve) would forever and successfully warn each generation of children: Do not dig here. Never forget the danger below.

In an interview, Ted Gordon remarked that the scenario was a term borrowed from the movies, a sketch of a storyline. Though its etymology takes us back to the fifteenth century, the modern connotation is very much mid-twentieth. There is something cataclysmic about scenarios as they have come to signify. Something in their near-past re-origination in nuclear cataclysm makes them evacuated stories, specific in certain passing ways and yet hollowed-out. Perhaps it is why, in Japan,

so many people have found the most powerful depiction of Hiroshima not in the words of writers like John Hershey, but rather in the images of the Japanese graphic novelist and child-witness to Hiroshima, Keiji Nakazawa. Nakazawa's images in his 1972 comic *I Saw It*, are anything but photo-realistic.[15] The modern scenario of the future was born and in some sense remained in the shadow of nuclear cataclysm, even as the scenario extended to economic upheavals imagined by Shell or to possible intrusions into nuclear waste dumps in the millennial future. Here was State science fiction.

My work with Robb Moss, in our film 'Containment' (2015) and the installation 'Landscapes of Stopped Time' (2015), confronts the disruption to time precipitated by nuclear materials. Suddenly, even the 300-year ancestral home of a Namie family in the Fukushima Prefecture shatters against the even slower half-life decay of radioisotopes. These out-of-scale times haunt both technical experts and ordinary citizens who live near contaminated zones—as she walks through her abandoned town, one young woman from near Fukushima says in the installation and film, "This is what it is like for time to stop."

But perhaps the greatest challenge that Robb Moss and I faced in making the film was how to register this strange, contemporary form of scenario narration. For planned monuments, we could, with our 3D animator David Lobser, extend the actual designs that planners had developed for the future burial site. But scenarios resist traditional, continuous-motion animation, and even more so live-action depiction. In the fragmented, lightning-flash reality of the scenario, full texture is withheld, glimpses

are all we get—a fully realised representation in space
or time would utterly distort the whole idea of this
conditional future.

So how to do this in film? After much experimentation,
here it seemed far better to find an art form that itself
withheld as much as it disclosed—the graphic novel
sequence. Collaborating with the cartoonist Peter Kuper,
whose *Metamorphosis* (2004) seemed to capture the right
tone, we began a long back and forth that culminated in
the 2D frames that pieced together the scenarios of nuclear
intrusion from 1989.

Our aim in the film is to cross three kinds of filming, each
of which confronts the measures of time given by long
half-lives: observational (of work and life around three sites
where radioactive isotopes loom large); analytic (around
interviews with key people); and the imaginative future
(depicted through these different kinds of animation).
Our work is about—and incorporates—our strained
governance of space and time in a world of near-endless
half-lives.

I should add one last thing. The Waste Isolation Pilot
Plant in Carlsbad, New Mexico, was designed to be 'built
clean and to stay clean' for ten millennia—until at least
11,991. But perhaps we need another scenario, or maybe
a thousand grubby little ones that might never make it to
the high drama of the apocalyptic. Late on Valentine's Day,
2014, an underground accident propelled transuranic dust
out of the salt mine, leaving some workers with a small
but measurable radioactive dose. Sometimes it is hard to
imagine our world in the here and now, far from the dark
pleasures of the infinite future and infinitely exaggerated.

But we must.

NOTES

1 F.H. Clauser, 'Preliminary Design of An Experimental, World-Circling Spaceship'. Rand Corporation Report, May 2, 1946.
2 Herman Kahn and Irwin Mann, 'War Gaming', Rand Corporation Report, P-1167, July 30, 1957; Herman Kahn, *On Thermonuclear War* (Princeton: Princeton University Press, 1960); see the remarkable study of Kahn, Sharon Ghamari-Tabrizi, *The Worlds of Herman Kahn: the Intuitive Science of Thermonuclear War* (Cambridge: Harvard University Press, 2005).
3 Kahn, *Thinking about the Unthinkable* (Princeton: Princeton University Press, 1962), p 143. On earlier forecasting—from economics, see Walter A. Friedman, *Fortune Tellers: The Story of America's First Economic Forecasters* (Princeton: Princeton University Press, 2014).
4 Kahn, *Thinking about the Unthinkable*, quotation from p 143; five features, p. 144.
5 Kahn, *Thinking about the Unthinkable*, p. 152.
6 Kahn, *Thinking about the Unthinkable*, p. 159.
7 Kahn, *Thinking about the Unthinkable*, pp. 172-73.
8 Herman Kahn, *On Escalation: Metaphors and Scenarios* (New Brunswick, NJ: Transaction Press, 2010 [original publication Praeger, 1965]), e.g. pp. 34ff.

9 Pierre Wack, 'Scenarios: Uncharted Waters Ahead', *Harvard Business Review*. September-October, 1985; followed by 'Scenarios: Shooting the Rapids', *Harvard Business Review*. November-December, 1985. On business scenarios, see also, Kees van der Heijden, *Scenarios. The Art of Strategic Conversation*. 2nd edition. (West Sussex, UK: John Wiley and Sons, 2005).
10 http://www.shell.com/global/future-energy/scenarios/2050/acc-version-flash/2050.html
11 Stephen C. Hora, Detlof von Winterfeldt, Kathleen M. Trauth, 'Expert Judgment on Inadvertent Human Intrusion into the Waste Isolation Pilot Plant', Sandia Report SAND-90-3063, 1991, C-38.
12 SAND-90, pp. C-38,39.
13 SAND-90, pp. C-39, 40.
14 SAND-90, pp. C-42-44, quotations on pp. C-43, C-44.
15 On Keiji Nakazawa, see the remarkable book by Hillary Chute, *Disaster Drawn: Visual Witness, Comics, and the Documentary Form* (Cambridge: Harvard University Press, 2015).

NB: Portions of this text are drawn from Peter Galison, 'The Future of Scenarios: State Science Fiction', in Bolette Blaagaard and Iris van der Tuin, eds., *The Subject of Rosi Braidotti: Politics and Concepts* (Bloomsbury, 2014), ch. 3.

Four Fold

*A script
towards a performance*

Sam Keogh

My mother is disturbed by the 'virtual autopsy' display
of the Gebelein Man in the British Museum. His real
body is in the same room, in a vitrine, surrounded by
old pots in a fibreglass facsimile of the pit he was found
in. The vitrine is low to the ground, glass on all sides
with a mirrored ceiling offering maximum visibility of
his taut yellow skin, dried in the perpetually arid sands
of Egypt for 6,000 years. He is unembalmed and
so is naked. Curled in the fetal position, he seems to
cower under the eyes of the six million visitors that pass
through the doors of the British Museum every year.
But this wasn't what my mother was disturbed by.
Beside the body, beside his actual shrivelled 6,000
year old remains, beside his corpse with its mottled
leathery skin stretched over the bumps of his spine and
the just visible facial expression behind a chewy knot of
clasped fingers there is a large touchscreen protruding
from the wall at an angle. An impressively detailed CGI
rendering of the Gebelein Man floats in black space on
the screen, (CT means Computerised Tomography.
The word tomography is derived from Ancient
Greek τόμος tomos, 'slice, section' and γράφω
graphō, 'to write'. Computerised tomography
then, is a computer writing through slices.
As a body is slowly fed into the large white
plastic doughnut of the CT scanner, a source
of radiation rapidly spins around it, taking
thousands of image-slices of its form, like a loaf
of bread being turned into sliced pan. 3D imaging
software then stacks these image-slices back
into the shape of a body to create an image that
is dense with information. This image-object
can be sliced into to reveal cross sections of
its constituent parts. Bleeding organs, swollen

arteries and tumours become visible; lacerated internal organs, vascular flow and hairline bone fractures can be detected without the need for invasive surgery. For some mummies a CT scan is the only way to see inside them because a physical examination may lead to the irreparable destruction of their already delicate remains. This image contains more legible information than its referent. The mummy's body is unwrapped by its own representation.) offering an interface with the image of the corpse that allows visitors to spin the body on two axes and cut into its surface. Cross-sections are revealed. Layers of skin, muscle and sinew are peeled back, down to the bone, and down past the bone to the black space beneath.

My mother is watching three boys huddled around the screen. Six hands (A hand covered with a blue latex glove holds the perfectly preserved hand of the Old Croghan Man. He was likely murdered, three mortal wounds inflicted to appease three separate gods for the price of one death: the threefold death. He was then thrown into the bog pool (Slowly, he sank to the bottom of the bog. The bottom was indeterminate. It was a part of the pool where muddy water becomes watery mud. A liminal soup of peat, moss and cold somewhere on the spectrum of ground. The water drains or is replaced by denser mud that becomes bog, which becomes waterlogged to the point of being mud and turns into a black pool — a black space with a slowly changing consistency.) in present day Co. Offaly, where he remained for 2,000 years until he was found by a peat cutter in 2003. His body is headless and lacks a lower torso. The acid water in the bog leached minerals from the bones making them rubber-like and dyed his skin a

deep red-brown, like immaculately tanned leather.
The rubber bones and the leathery skin were pressed
down on by thousands of tons of black bog. For 2,000
years the bog flattened the body, pushed it down to
toward the 2nd dimension. Now freeze-dried and kept
in an atmosphere-controlled vitrine in the National
Museum of Ireland, the Old Croghan Man looks like
a cropped leather jacket with two perfect gloves
stitched to the ends of the sleeves. But the hands here
have gesture. They make the body look relaxed or
asleep. The deflated deadness of the chest and arms
makes the turgid hands seem alive by contrast but
it's the indifferent repose of the hands that reaches
out from the deadness of the corpse. These hands
return the viewer's gaze, with an indifferent gesture.
An expression caused by the lack of a head.) fumbling
with the corpse, repeatedly stripping and dressing
and stripping its bones of skin, jerking it around in
the black space, shearing its whole form vertically and
horizontally, and magically layering cross sections back
onto the perfect wounds to make him whole again.
Their hands don't care about death. The youngest one
is six years old (My mum made me a turtle costume
to wear on my 6th birthday. It was made from a green
tracksuit with a yellow patch stuck to the belly; I
wore a plastic Raphael mask she had bought from
Hallmark on Bray's main street. The best thing about
the costume was its shell. My mum had made it from
green felt and cushion stuffing. It had straps like a
backpack to keep it in place. (Sir David Attenborough wears
chinos, a blue sleeveless shirt and sensible but hard-wearing leather
shoes with a good sole. Sir David has a special appointment with
the rarest living animal in the world, the last surviving Galápagos
tortoise, (Teenage Mutant Ninja Turtles + George Bataille: Turtles are mutants — deviations

from nature; They live in the sewer, their master is a rat — Base Materialism — lower than low — scatology — Heterology; Their enemies live in 'Dimension X' in the Technodrome, a giant metal ball with a single eyeball on the top — The Eye; The main boss of the bad guys is Krang, a talking brain that lives in the gut of an automaton — The Acéphale; Krang commands Shredder, a man who is covered in armour which is covered with knives — Lingchi (death by 1000 cuts); He commands an army of ninja called the 'Foot Soldiers' whose symbol is the foot — The Big Toe; TMNTs are teenage boys — Bataille is a teenage boy.) 'Lonesome George'. Sir David tells of how the Galápagos tortoise was made extinct. He says that ships came to the island and the crew took the tortoises aboard to eat. The tortoises could survive for up to a year without eating so they were treated like barrels of meat that didn't go bad. Lonesome George was 102 years old when he died. It's as if he has been draped in his own skin, as if it had been taken off and stretched, dried out in the sun before being hung from his always-old bones. He moves with a jerky geriatric plod, as if he had always been an old man. A man called George, an old widower called George, the last George on Earth, the last living George. His shell keeps him together. When he died in 2012 he was 102 years old. His body was sent to the American Natural History Museum in New York and an anatomically accurate mannequin was built for his skin to be sewn over. The process took six months longer than expected because his body would not dry out. To be preserved his skin and shell needed to be tanned, and to be tanned they needed to be dry. His shell was like honeycomb, perforated with tiny oily cavities, impervious to the grease-cutting chemicals he had been dunked in. It took six months for his shell to stop leaching grease. After months in a purpose-built dehumidified tent, his corpse was ready to be taxidermied. His skin was airbrushed, his beak varnished, his eye sockets filled with custom made glass balls.)) and holds a Drumstick lollipop in his hand. His hand is sticky. He rubs the sticky hand on the surface of the glass. His sticky plump hand is moving the corpse through the touch screen as he looks toward his own mother; his hand moves across the glass without intent. Because his brothers' hands are moving the corpse, he is moving it with them, helping them, or at least taking

part in their play. Beside the children on a much bigger screen, this distracted action is displayed in real-time. The body spins erratically in the digital black space, its layers appear and dissolve without logic. The hands responsible for this display that so disturbs my mother are innocent; blissfully unfettered by separation or discontinuity, or respect.

The big screen with the spinning corpse is for the pleasure of the crowd waiting to access the touch screen. The crowd around the virtual autopsy display is four people deep — much denser than the crowd huddled around the actual artefact. The crowd wears North Face jackets, jumpers, shirts, raincoats, scarves. Some have bags they regret not putting in the cloakroom. Some have collapsed selfie sticks, which they are no longer allowed to use in the museum. But it's too warm in the museum for so many bags and clothes. It's busy and they are all sweating.

My mother is near the front of this crowd and I take a photo of her looking at the big screen as it displays the spinning image of the corpse. Her expression is concerned. She holds her glasses in her hand and is frowning at the jerking picture. My mother looks at the screen then at the boys, at their hands, then at their mother, and then returns to the image of the Gebelein Man.

This is just an image, I tell my mother, and besides, the corpse it represents is also on display, just in front of the screen. (As a teenager (As a teenager I saw the scene in Aliens where Bishop is killed by the alien queen. She impales him on her tail, lifts him off the ground and shears him in two at the waist. Synthetics are androids and have white, liquid latex circulation fluid

instead of blood. This white liquid gushes from Bishop's mouth, nose and wounds until he is flung to the floor of the Sulaco like a plastic bag full of mayonnaise.) I tried to take a photo of one of the bog bodies in the National Museum of Ireland. The Baronstown West Man was on display in the main exhibition area, in a vitrine among other vitrines. As I raised my digital camera a guard approached. He admonished me in a Dublin accent for photographing the body. It was disrespectful he said. But he did say I was allowed to draw it. Embarrassed, I immediately apologised and instead sketched the body with a pencil. As I drew the picture it occurred to me that the body, being 2000 years old, would not have known what a camera was. He would not have understood the distinction between a drawing and a photograph. He would not have known he would be on display in a temperature, humidity and pressure controlled glass box. I wondered of whom the camera was not being respectful? And besides, the body was flat and dry. It wasn't a body, it was an image of a body in the shape of a body. It was an almost flat bas relief of a body, a pair of leather trousers taken off and laid out flat, giant bits of All- Bran for bones; just visible, brown and curly.) The real, actually exhumed, desiccated, desecrated corpse is on display beside the virtual autopsy display. I tell my mother that it's just an image of a corpse; at 6000 years old, the kind of disrespect she is frowning at would have been inconceivable to the man when he was alive. Imagine asking him for a picture: What is a picture? Do I have a picture?

ALBERTUS

In 10,000 years this book might not have survived, but its cover & title could be evidence of the past. Albertus was chosen for the *Hall of Half-Life* project because it is also a stone-carving font. Setting the book has been like creating a date stone or a gravestone for Hall of Half-Life. Albertus is a glyphic, serif typeface designed by Berthold Wolpe in the period 1932 to 1940 for the Monotype Corporation type foundry. Wolpe named the font after Albertus Magnus, the thirteenth-century German philosopher and theologian. David Lynch's film Dune, also used this font, and just like him we see it as a future vessel. For many years Albertus was also the typeface used on British coinage.

LARA ALMARCEGUI

Lara Almarcegui, born in Zaragoza, 1972, lives and works in Rotterdam. She often explores neglected or overlooked sites, carefully cataloguing and highlighting each location's tendency towards entropy, including her project for the Spanish Pavilion of the 55*th Venice Biennial*. Recent exhibitions include Manifesta IX, Genk, 2012; and *Radical Nature*, Barbican Art Centre London, and the Biennales of Shenzhen, 2009; Athens, 2009; Taipei, 2008 Gwangju, 2008; Sharjah, 2007; São Paulo, 2006; Seville, 2006; and Liverpool, 2004. She has lectured in organisations such as the London School of Economics, South California University, Madrid Architectural Faculty, Creative Time New York, Institut für Kunst und Architektur, Vienna or Tate Britain in London.

STÉPHANE BÉNA HANLY

Stéphane Béna Hanly, born Dublin, 1990, graduated from the NCAD in 2013 with a degree in sculpture. He lives and works in Dublin where he has become involved in various solo and collaborative projects, including Lee Welch on *Once Upon a House in IMMA* and with Basic Space hosted by 126 gallery in Galway. Béna Hanly also works through performance, taking part in the spoken word night *Foaming at the Mouth* and subsequently joined up with James Moran, co-writing and performing in an experimental comedy titled 'Atom Tick'. Most recently, Stéphane Béna Hanly showed new work at Project Arts Centre in 2015.

SIMON BOUDVIN

Simon Boudvin, born in Le Mans, 1979, lives and works in Bagnolet. He teaches at the Paris-Malaquais school of architecture and is part of the research group at the visual art school of Clermont. His work revolves around the disruptions and wastes of the everyday built environment, which he approaches with a scrupulous scientific interest and varied languages, ranging between photography, technical drawing, and sculpture.
His work has been displayed in different art centres including Crac

Alsace Altkirch, 2015; Project Arts Centre, Dublin, 2015; Credac, Ivry, 2012; Les Eglises, Chelles, 2011; Form Content, London, 2008 and periodically at Jean Brolly's gallery, Paris, 2009, 2010, 2013, 2015.

GERARD BYRNE

Gerard Byrne has shown work at international biennials including Documenta 13, 54th Venice Biennale, and in Sydney, Gwangju, Lyon, Istanbul amongst others. Recent solo exhibitions include the Kunstmuseum St. Gallen, 2015; FRAC Pays de la Loire, 2014; Whitechapel Gallery, 2013; IMMA, Dublin, 2012; Renaissance Society, Chicago, 2011. In 2007 he represented Ireland at the 52nd Venice Biennale. In 2006 he was a recipient of the Paul Hamlyn award. He is represented by the Lisson Gallery in London, Kerlin Gallery in Dublin, and Nordenhake Gallery, Stockholm. He has been a professor at the Royal Danish Academy for Fine Art since 2007.

REGINA DE MIGUEL

Regina de Miguel lives and works in Barcelona and Berlin. Her work is research focussed and often refers to scientific methodology and interpretation. Her work has been shown recently in solo exhibitions including *Ansible*, Maisterravalbuena, Madrid, 2015; *All knowledge is enveloped in darkness*, Kunsthalle Sao Paulo, 2014; and *Nouvelle Science Vague Fiction*, General Public, Berlin, 2011. She was also part of the exhibitions *What It Is To Come Has Already Arrived*, MUSAC,

León, 2015; *Rencontres Internationales Paris / Berlin / Madrid*, Haus der Kulturen der Welt, Berlin, 2014 and Palais de Tokyo, Paris, 2012. She is also a frequent participant in discussion groups and forums.

MIKALA DWYER

Mikala Dwyer lives in Sydney. Recent solo exhibitions include *Hollowwork*, Anna Schwartz Gallery, Melbourne, 2014; *Goldene Bend'er*, ACCA, Melbourne, 2013; *Divinations for the Real Things*, Roslyn Oxley9 Gallery, Sydney, 2012; *Panto Collapsar*, Project Arts Centre, Dublin, 2012; *Drawing Down the Moon*, Institute of Modern Art, Brisbane, 2012. She also participated in *Magnetism*, Hazelwood, Sligo, Ireland, 2014; *Future Primitive*, Heide Museum of Modern Art, Melbourne, 2014; *You Imagine What You Desire*, Biennale of Sydney, 2014; *The Beauty of Distance: Songs of Survival in a Precarious Age*, Biennale of Sydney, 2010. In 2014 she was guest curator of *Primavera* at the Museum of Contemporary Art, Sydney.

GEOFFREY FARMER

Geoffrey Farmer, born 1967, lives and works in Vancouver. Recent solo exhibitions include; *How Do I Fit This Ghost In My Mouth?* Vancouver Art Gallery, 2015; *Every Day Needs An Urgent Whistle Blown Into It*, Art Gallery of Ontario, Toronto, 2014; *The Grass and Banana go for a walk*, Catriona Jeffries, Vancouver, 2014; the fourth installment of *Hybrid Naples* (with Bettina Allamoda), Fondazione Morra Greco, Naples; *A Light in the Moon*,

Mercer Union, Toronto, 2013; *The Surgeon and the Photographer*, The Curve, Barbican Centre, London, 2013. Recent group exhibitions include *Below another sky*, Aberdeen Art Gallery; *The Intellection of Lady Spider House*, Art Gallery of Alberta, Edmonton, 2013; *Triennale der Kleinplastik*, Stadt Fellbach, 2013; dOCUMENTA (13), 2012; *Stage Presence*, SFMOMA, San Francisco, 2012; the 12th Istanbul Biennial, 2011.

SAM KEOGH

Sam Keogh, born 1985, lives and works in London/Dublin. Recent solo exhibitions include: *Four Fold*, Douglas

HARUN FAROCKI

Harun Farocki was born in 1944 in Neutitschein, an area in the Czech Republic, which had been annexed by Germany at the time, and passed away near Berlin in 2014. Besides over 100 productions made for television and cinema, Farocki — as long-time author and editor of the magazine Filmkritik, curator, and visiting professor in Berkeley, Harvard and Vienna — has conveyed his reflections on the relation between society, politics and the moving picture. He had solo exhibitions of his films at Tate Modern, London; MUMOK, Vienna; Jeu de Paume, Paris; Museum Ludwig, Cologne; Kunsthaus, Bregenz; and Hamburger Bahnhof, Berlin amoungst many others. In 1997 and 2007 he took part in documenta, Kassel.

PETER GALISON & ROBB MOSS

Peter Galison is a theoretical physicist and historian of science at Harvard University, where he has written on Einstein, nuclear weapons, and scientific visualization. In 2012 he collaborated with South African artist,

William Kentridge, on a multi-screen installation, 'The Refusal of Time.' Robb Moss is a Harvard College Professor and Chair of the Department of Visual and Environmental Studies. His *The Same River Twice*, premiered at Sundance in 2003 and was later nominated for an Independent Spirit Award. Together they produced and directed, *Secrecy*, Sundance, 2008, about national security secrecy and democracy. *Containment*, 2015, is their second film together, out of which they created the installation *Landscapes of Stopped Time*.

MIKHAIL KARIKIS

Mikhail Karikis is a Greek/British artist based in London. He creates immersive audiovisual installations and performances which emerge from his long-standing investigation of sound as a sculptural material and a socio-political agent, signalling alternative modes of existence and action. Karikis exhibits internationally including *5th Thessaloniki Biennale*, 2015; *Art in the Age of Energy and Raw Material*, Witte de With, Rotterdam, 2015; *Inside*, Palais de Tokyo, Paris, 2014–2015; 19th Biennale of Sydney, 2014; Mediacity Seoul, 2014; *Aquatopia*, TATE St Ives & Nottingham Contemporary, 2013–2014; 2nd Aichi Triennale, Nagoya, 2013; Manifesta 9, Ghenk, 2012; Danish Pavilion, 54th Venice Biennale, 2011.

Hyde Gallery, Dublin, 2015; *Mop*, Kerlin Gallery, Dublin, 2013; *Terrestris*, Project Arts Centre, Dublin, 2010. Recent group exhibitions include *Something to be Scared of*, London AM, 2015; *30 Years the Future*, Castelfield Gallery, Manchester, 2014; *Locomotion*, Store, London, 2014; *The Line of Beauty*, IMMA, Dublin, 2013; *How to Read World Literature*, The Public School, NYC, 2013; *Gracelands 2012:Circling the Square*, Limerick, 2012; *Eva International*, Limerick, 2012.

JEAN-LUC MOULÈNE
Jean-Luc Moulène is born in 1955. He lives and works in Paris. Recent solo exhibitions took place at Villa Medici, Rome, 2015; Kunstverein, Hannover, 2015; Extra City Kunsthal, 2013; Beirut Art Center, Beirut, 2013; Modern Art Oxford, 2012 and Dia:Beacon, New York, 2011. Over the last years, Jean-Luc Moulène has participated in several group exhibitions as *Slip of the Tongue*, Punta della Dogana, Venice, 2015; *Inhabiting the World*, Busan Biennale, Korea, 2014; *The way of the shovel: Art as archeology*, MCA, Chicago, 2013; *In spite of it all*, Sharjah Art Foundation, UAE, 2012 and *Paris-Dehli-Bombay*, Centre Georges Pompidou, Paris, 2011. In 2016, the Centre Georges Pompidou will present an important exhibition of his work.

LONNIE VAN BRUMMELEN AND
SIEBREN DE HAAN
Lonnie van Brummelen and Siebren de Haan have worked together since 2002, producing film installations, sculpture and collages that explore cultural and geopolitical landscapes. These include *Grossraum*, 2005, *Monument of Sugar — how to use artistic means to elude trade barriers*, 2007, *Episode of the Sea*, 2014, *Monument to Another Man's Fatherland*, 2008, and *subi dura a rudibus*, 2010. Most of their projects involve extensive fieldwork and long-term collaborations. Their work has recently been exhibited at Yerba Buena Center for the Arts, San Francisco; Concordia Gallery, Montreal; Extra City, Antwerp; Project Arts Centre, Dublin; Palais de Tokyo, Paris; Stedelijk Museum, Amsterdam; and the Biennales of Gwangju and Shanghai.

ULLA VON BRANDENBURG
Ulla von Brandenburg, born in 1974 in Karlsruhe, Germany, lives and works in Paris. Forthcoming exhibitions include: Performa 15, New York; ACCA, Melbourne; La Fondrerie Darling, Montréal; Power Plant, Toronto. Solo exhibitions include: Wagon Wheel, Contemporary Art Museum St. Louis, St. Louis, 2015; *Innen ist nicht Außen*, Secession, Vienna, 2013; *Neue Alte Welt*, The Common Guild, Glasgow, 2011; *Ulla von Brandenburg*, Chisenhale Gallery, London, 2009. Recent group exhibitions include: *Accrochage 3: Pop & Musique*, Fondation Louis Vuitton, Paris, 2015; 19th Biennale of Sydney, 2014; *Film as Sculpture*, WIELS, Brussels, 2013; *Tools for Conviviality*, The Power Plant, Toronto, 2012; 11th Biennale de Lyon, 2011; 53rd Venice Biennale, 2009; *The World as a Stage*,

ICA, Boston, 2008, Tate Modern, London, 2007; Performa 07, New York, 2007.

TESSA GIBLIN (Curator)
Tessa Giblin is Curator of Visual Arts of Project Arts Centre — an organisation encompassing theatre and the visual arts in the heart of Dublin, Ireland. There she has produced solo exhibitions with Clemens von Wedemeyer, Jesse Jones, Mario Garcia Torres, David Claerbout, Barbara Bloom, Sung Hwan Kim and Sarah Browne amoungst many others, and group exhibitions including *Nonknowledge*, *The Pre-history of the Crisis 1&2*, *Blackboxing*, *Conjuring for Beginners* and *Riddle of the Burial Grounds*. In 2016, she is preparing a year of exhibitions called REBELLION, in the context of Ireland's centenary since the Easter Rising of 1916. Tessa Giblin was born and raised in New Zealand.

BIRGIT PELZMANN (Producer / Assistant Curator)
Birgit Pelzmann is production manager and assistant curator for steirischer herbst since 2014 when she was working with Luigi Fassi and Stefano Collicelli Cagol on the exhibition *Forms of Distancing. Representative Politics and the Politics of Representation*. Prior to that she has worked on various projects and for various institutions in Graz and Munich as a freelance cultural worker, producer and curator. She was casting director for Federico Léon's *Las Multitudes* (steirischer herbst 2013), curator of the exhibition and research project DIS/PLAY/GROUND (Platform3,

Munich, 2012) and worked for Camera Austria, Diagonale. Festival des österreichischen Films and Universalmuseum Joanneum amongst others.

ÅBÄKE
åbäke is a London-based design studio behind which lurk Patrick Lacey, Benjamin Reichen, Kajsa Ståhl and Maki Suzuki. Active since 2000, the Royal College of Art alumni count clients like the British Council and the Serpentine Gallery, and collaborations with fashion designers such as Hussein Chalayan and Maison Martin Margiela, artists such as Ryan Gander, Johanna Billing and Martino Gamper, and bands such as A Camp, Air and Daft Punk. Åbäke is a Swedish word for a large and cumbersome object and the collective is also responsible for meta-design projects: the dialogical digital platform for architecture *Sexymachinery*, 2000-2008; the relational culinary events of *Trattoria*, 2003; the publishing project *Dent-De-Leone*, 2009; the propaganda for the imaginary *Victoria & Alferd Museum*, 2010; and the spy agency *Åffice Suzuki*, 2010.

EXHIBITION DETAILS

The exhibition *Hall of Half-Life* as well as the projects *Saint Jude's Leftovers* and *Clouds dissolve in water* (Wolken lösen sich in Wasser) have been commissioned by steirischer herbst festival 2015.

Curator: Tessa Giblin
Production manager and Assistant Curator: Birgit Pelzmann
Installation: Firma Kohlbacher, Edelschrott; Karl Leeb; Karl Masten; Mit Loidl Oder Co., Graz; Eva Schmartschan; Martin Pelzmann; Hubert Tiefengruber; Malerbetrieb Otto Url, Graz; Wilfling Reklamebau, Graz.

Thanks to all of our supporters, partners and producers: Marie-Laure Gilles and Galerie Chantal Crousel, Paris; Thomas Dane Gallery, London; Caroline Doolin; Christoph Loidl, Anna Schwinger + team; Chyld King; Culture Ireland; Morris Deegan — Frame Foundry; Kajsa Ståhl and åbäke; Luigi Fassi; Rosemary Giblin; Kate Heffernan; Michael Hill and Douglas Hyde Gallery, Dublin; Otto Hochreiter, Sibylle Dienesch, Jürgen Ulrych, Johanna Grützbauch and the whole team of the GrazMuseum; Darragh Hogan and Kerlin Gallery, Dublin; Janice Hough and the Irish Museum of Modern Art; Aaron Kelly; Kibii Foundation, Suriname; Declan Long; Nicki Lutnik, Isi Rinner and her german class; Galerie Greta Meert, Brussels; Mihnea Mircan and Extra City Kunsthal; Mondriaan Fonds; Neasa O'Shea Brady; Gerhard Samberger and Alexandra Janze; Frank Smith; Dominic Turner — Exhibit A Studios; Maisterra Valbuena, Madrid; Universalmuseum Joanneum Graz, especially Ingomar Fritz, Barbara Leikauf, Verein "Freunde des Radwerks IV", Edwin Weigand.

Tessa Giblin's warm thanks to all of the artists and their galleries, and to Birgit Pelzmann and Luigi Fassi. Further thanks to Cian O'Brien and the team of Project Arts Centre, and especially to Aurélien Froment.

steirischer herbst team:
Director: Veronica Kaup-Hasler
Managing Director: Agnes Wiesbauer
Festival Programming: Martin Baasch, Luigi Fassi,
Flori Gugger, Gerda Strobl, Petra Pölzl
Artistic Assistant, Cooperation Projects Visual Arts:
Johanna Rainer
Conference Programming: Christiane Kühl
Curator Soundtracks: Norman Palm
Head of Project Management: Dominik Jutz
Guest and Production Office: Kathrin Lazarus
Project Management: Theresa Adamski, Elsa Chinese,
Michael Doubek, Philipp Forthuber, Roland Gfrerer,
Jakob Schweighofer, Barbara Thaler, Kirsten Patent
Project Management, Assistant Curator Visual Arts:
Birgit Pelzmann
Project Management Assistant: Stefan Pfister
Technical Direction: Karl Masten
Exhibition Attendants Leoben: Andrea Gutmann,
Alexandra Hagemann
Drivers: Bernd Birnbauer, Magdalena Gasser,
Christian Jalen, Martin Rieger
Management: Sabine Reisner
Financial Department: Anja Herman, Angelika Raffer
Office Management: Stefanie Lazarus
Assistants Office: Georg Herzog, Maximilian Mann,
Thomas Ulma
Cleaning: Danica Radat
Head of Communication and Marketing: Andreas R. Peternell
Communication, Media Relations: Heide Oberegger
Communication, Information and Ticket Office: Martina Heil,
Martina Preiner, Susanne Spörker
Communication Assistant: Bernd Buchmasser,
Katharina Wiesler, Lina Gärtner, Vesna Pajičić
Information and Ticket Office: Gudrun Becker, Lisa Dreier,
Anna Hartweger, Veronika Muchitsch, Isabel Zalami
Runner: Stefan Markus Ogrizek, Heiko Ernstreiter
Education: Elke Murlasits, Ulli Mayer, Markus Boxler
Sponsoring: Christine Conrad-Eybesfeld
Sponsoring Assistant: Ute Baumann
In memory of Floridus Kaiser

steirischer herbst festival gmbh
Sackstraße 17 / 8010 Graz / Austria
T: +43 316 823007
F: +43 316 82300777
www.steirischerherbst.at

SUPPORTERS:

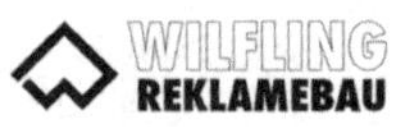

BUNDESKANZLERAMT ÖSTERREICH

GENERAL SPONSOR:

LEG^eRO®
Initiator von **con-tempus.eu**

EXHIBITION SUPPORTERS:

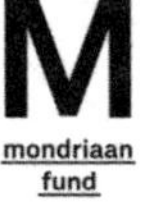
Culture Ireland
Cultúr Éireann

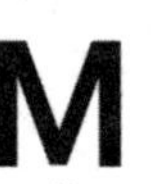
M
mondriaan fund

EXHIBITION SPONSOR:

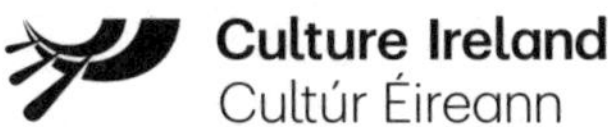
hs art service austria GMBH

SPONSOR RADWERK III VORDERNBERG:

WILFLING REKLAMEBAU

IN COLLABORATION WITH GRAZMUSEUM

'Every space is filled, every interstice occupied. Even metal has insinuated itself into the cells and channels from which life has long since disappeared. Compact and insensible matter has replaced the other kind in its last refuge, taking over its exact shapes, running in its finest channels, so that the first image is set down forever in the great album of the ages. The writer has disappeared, but each flourish—evidence of a different miracle—remains, an immortal signature.'

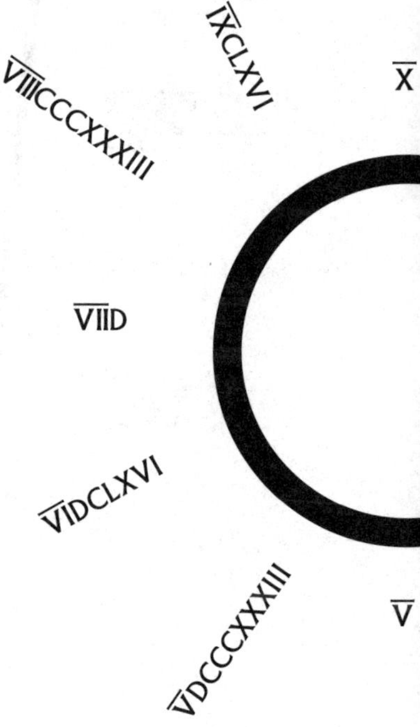

Hall of Half-Life

STEIRISCHER HERBST, GRAZ

EDITED BY TESSA GIBLIN

● **VORDERNBERG**

● **LEOBEN**

Earth is riddled with signals that terrestrial
timekeepers use to tell the story of our
planet while they carve up geological history.
Whether rigorously evidenced or fantastically
envisioned, change is upon us. The climate has
changed, the epoch has arguably changed, and
our relationship to time has changed. *Hall of
Half-Life* is positioned within a dramatic arc of
geological history. Its protagonists are stories
and objects that resonate well beyond our
human life-spans and hereditary generations,
arching into the deep past, while attempting
to envision the signals, languages, monuments
or leftovers that might still retain their
communicative potential into the deep future.

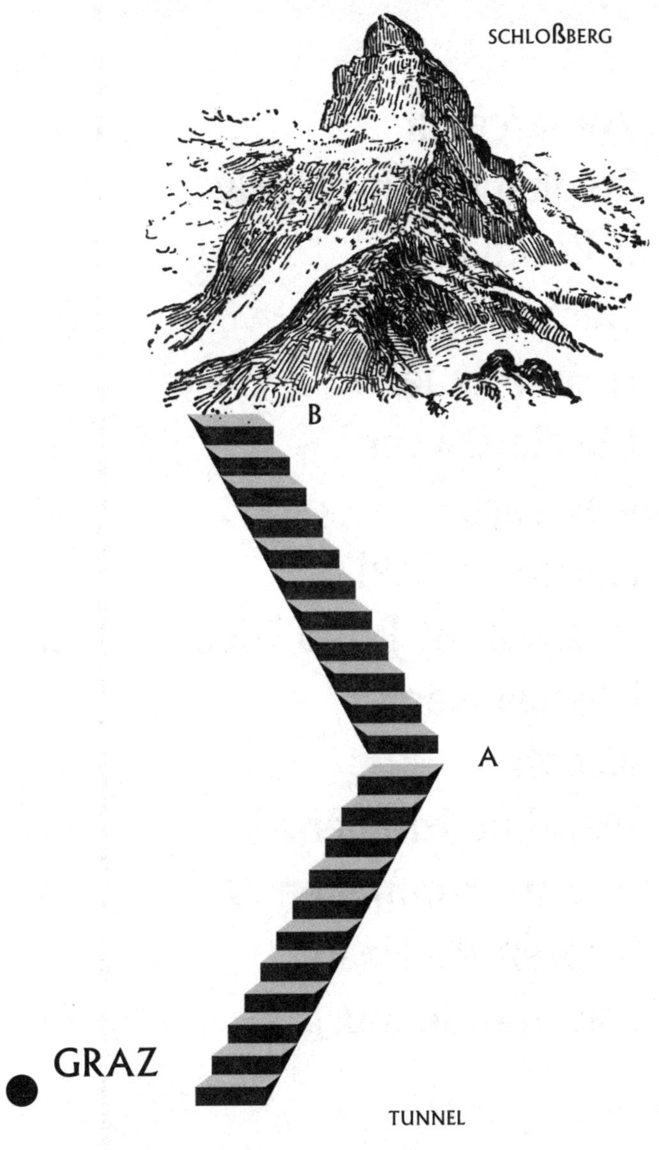

SCHLOßBERG
B
A
GRAZ
TUNNEL
5

Image p. 14. Stéphane Béna Hanly,
Length of a Legacy (Thomas Midgley),
2015, image detail courtesy Project
Arts Centre, Dublin. Photograph: Ros
Kavanagh

Image p. 34. Mikala Dwyer, *The garden
of half-life*, 2014, installation detail,
University Art Gallery, The University
of Sydney, photograph ©Alejandra
Canales

Image pp. 58–59. Image courtesy
Gudrun Becker

Image p. 62. Sam Keogh, *Four fold*,
2015, installation detail, Douglas
Hyde Gallery. Photograph: Denis
Mortell

Image p. 68. Jean-Luc Moulène, *Laura
Bush*, Paris, 2014, image courtesy
Thomas Dane Gallery

Image pp. 78–79. Ulla von
Brandenburg, *Street, Play, Way*, 2014,
installation detail, 19th Biennale
of Sydney at Cockatoo Island.
Photograph: Ben Symons

Text pp. 113–119. Originally
published as *Four Fold*, Douglas Hyde
Gallery, Dublin, 2015

Text p. 128. Quotation from Roger
Callois, *L'ecriture des pierres*, 1970,
translated as *The Writing of Stones*,
University Press of Virginia, 1985,
p. 108

Lara Almarcegui

Mineral Rights, Austria, **2015**
Ongoing
GrazMuseum
Commissioned by steirischer
herbst 2015

Mineral Rights, Norway, **2015**
Single channel slide projection, silent, 9'
GrazMuseum
Produced by Leuphana Arts Program,
Lüneburg (image detail over)

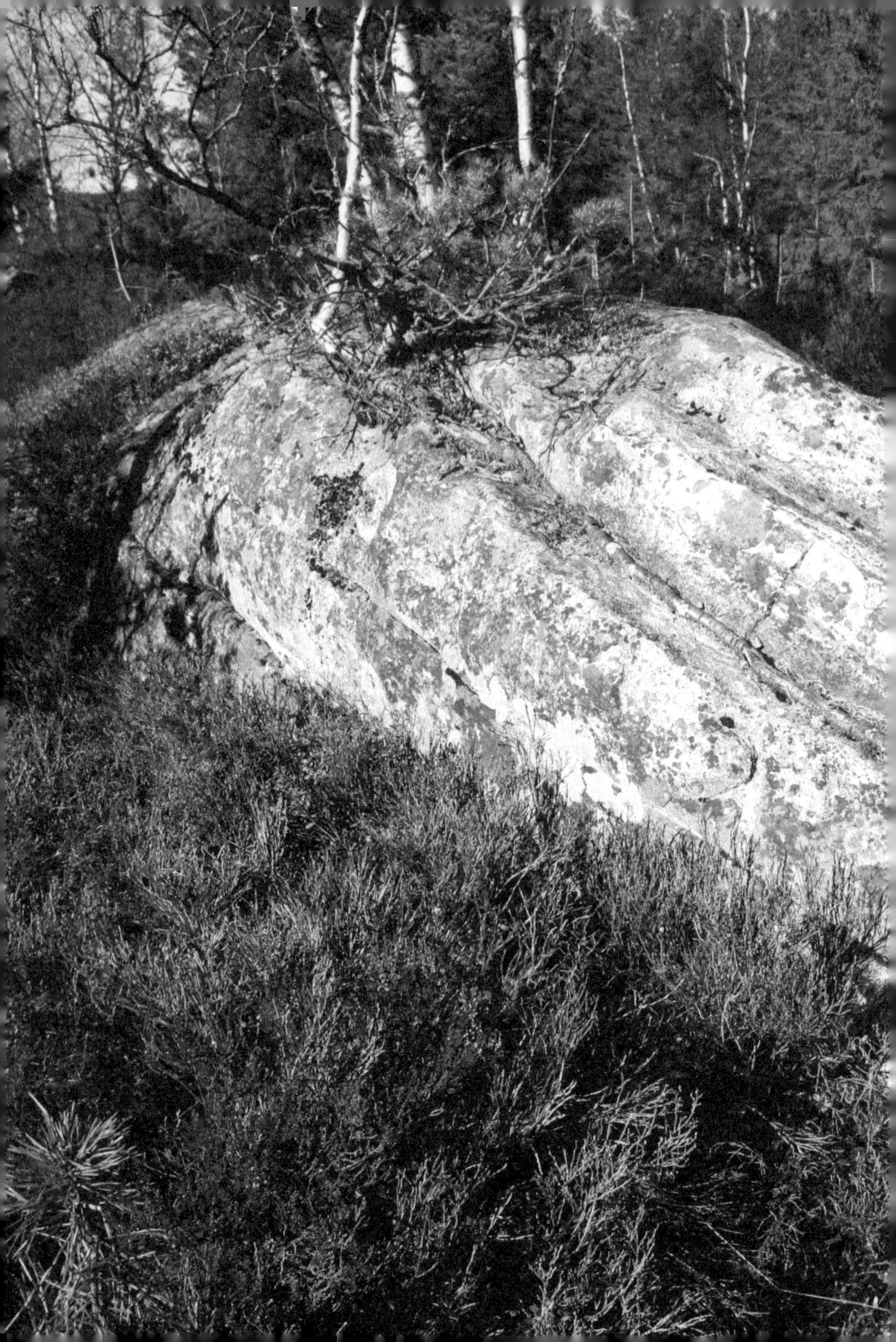

Hall of Half-Life

Edited by: Tessa Giblin
and steirischer herbst
Sub-editor: Kate Heffernan
Texts: Peter Galison (*The Half-Life of Story*), Sam Keogh (*Four Fold*) and Geoffrey Farmer (artist's text). All other texts by Tessa Giblin.
Translations: Eva Dewes
Copy editing: Birgit Pelzmann, Marjeta Wakounig
Design: åbäke

Printed by Rema-Print-Littera, Vienna in an edition of 3000, including two inserts

First published by
Dent-de-Leone, 2015
www.dentdeleone.co.nz

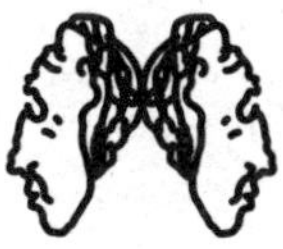

© 2015, the artists, authors and steirischer herbst

All rights reserved. Apart from fair dealing for the purposes of private study, research, criticism or reviews as permitted under the Copyright Act, no part of this publication may be reproduced in any form without permission in writing from the publishers.

Every effort has been made to trace copyright holders and to obtain their permission for the use of copyright material. The publisher apologises for any errors or omissions and would be grateful if notified of any corrections that should be incorporated in future reprints or editions of this book.

ISBN: 978—1—907908—27—9

All photographs by the artists unless otherwise stated on p.8

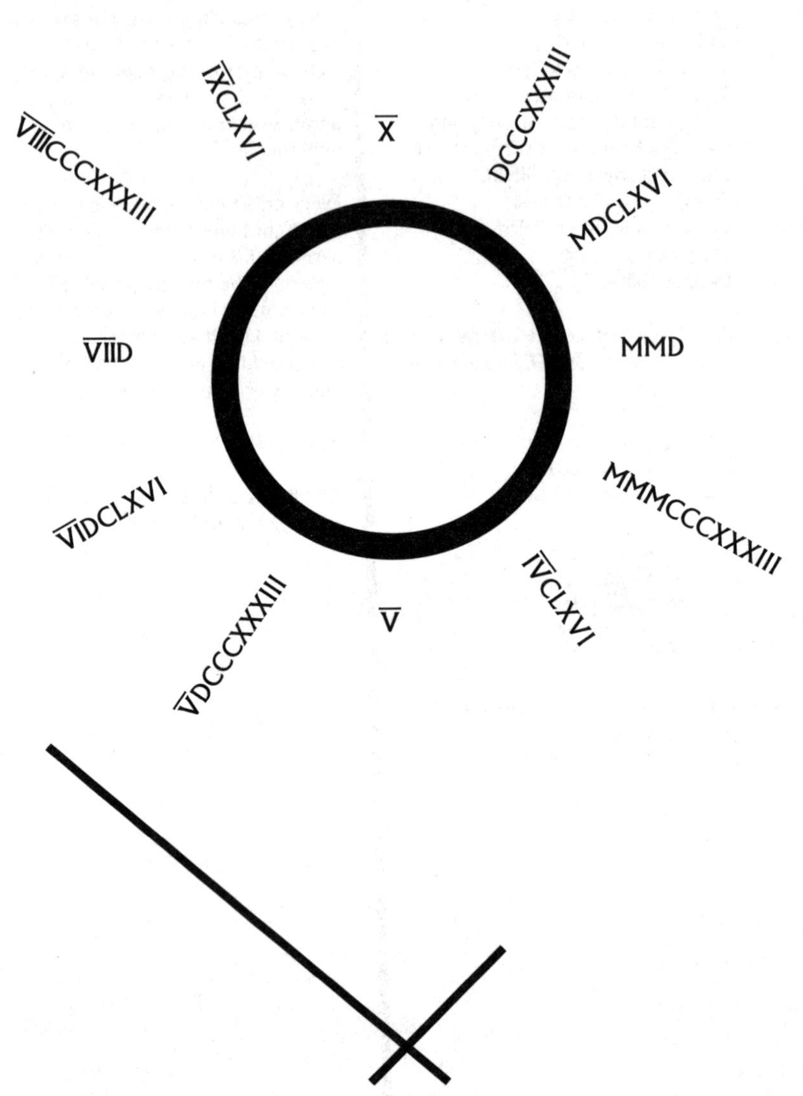

X̄
I̅X̅CLXVI
DCCCXXXIII
V̅I̅I̅I̅CCCXXXIII
MDCLXVI
V̅I̅I̅D
MMD
V̅I̅DCLXVI
MMMCCCXXXIII
I̅V̅CLXVI
V̅DCCCXXXIII
V̅